살아남는 것들의 비밀

All Is Connected

살아남는 것들의 비밀

생존하는 기업의 디지털 트랜스포메이션 전략

윤정원 지음

라곰

(추천의 글)

기술이 세상을 바꾸지만, 기술로만 성공하는 기업은 없다. 기업 존재의 본질인 고객의 가치에 더욱 집중하여 성장의 원동력을 만들기 위해 기술을 활용하는 기업만이 성공한다. 불투명한 미래와 이동하는 고객에게 파괴적 디지털 기술을 적용해 어떻게 성공할 것인가. 이 책으로부터 그 통찰을 얻을 수 있다.

_**이경상** (KAIST 문술미래전략대학원 겸직교수)

물결의 시작은 가벼운 파동이다. 시간이 쌓여 폭과 높이를 더한 파동이 해일이 되는 건 순식간이다. 팬데믹은 변화가 얼마나 갑작스레 오는지, 예비하지 않는 이들에게 그 변화가 얼마나 혹독한지를 보여주었다. 이 책은 새로운 산업 생태계에서 살아남기 위한 적응과 생존, 진화를 실감나는 사례로 알려준다.

_**박승희** (삼성물산 부사장)

디지털 대전환 시대에 살아남는 기업들의 비밀이 책 속에 숨겨져있다. 보물찾기를 해보자. 이번엔 어떤 끌리는 얘기가 숨겨져 있을까? 그리고 그 보물들은 미래를 보는 지혜를 줄 것이다.

_**임규건** (한양대학교 교수·한국지능정보시스템학회 회장)

저자는 글로벌 선진 기업들이 이끌어가는 변혁의 본질을 꿰뚫어 보고 디지털 트랜스포메이션이 단순한 IT 기술의 발전이 아닌 새로운 일하는 방식에 기반한 비즈니스 전반의 혁신이라는 것을 강조하고 있다. 이 책을 통해 디지털 트랜스포메이션의 진정한 목적과 방향성을 이해하고 이를 위한 구체적인 방안에 대한 시사점을 찾아나가기를 희망한다.

_**한광모** (머서코리아 부사장)

BTS의 성공과 같이 대한민국의 문화 외에도 세계적으로 성공해야하는 부분이 있다면 그것은 산업의 발전으로 국익을 이끌어온 기업 현장일 것이다. 저자는 대한민국의 기업들이 세계적인 디지털 선도 기업으로 도약할 수 있도록 그 길을 함께 열어가는 총명한 리더로서 그 길의 방향을 이 책에 고스란히 담고 있다. 감동적이고 감사한 일이다.

_**송희경** (전 한국클라우드산업협회장·4차산업혁명포럼 대표)

차례

1. 기술로 경계를 무너뜨려라
기술×경계

2. 데이터로 라이프에 들어가라

데이터×라이프

3. 새로운 디지털 경험으로 가치를 선점하라
메타버스×가치

4. 지속 가능한 판을 깔아라

플랫폼×시장

일러두기

본문 내 원·달러 환율은 1240원 기준으로 계산하였습니다. (2022년 2월 기준)

위워크의 몰락이 시사하는 것

우리가 잘 알고 있는 코끼리 우화가 있다. 옛날 인도의 어떤 왕이 시각장애인 여섯 명을 불러다 코끼리를 만지게 하고 의견을 말하게 했다. 그러자 코끼리 이빨(상아)을 만진 이는 무 같다고 하고, 귀를 만진 이는 삼태기 같다고 하고, 다리를 만진 이는 절구, 등을 만진 이는 평상, 배를 만진 이는 장독, 꼬리를 만진 이는 굵은 밧줄 같다고 했다.

코끼리를 만져본 이들은 각자 자신이 만진 부분에 대해서만 묘사하고 자신이 표현한 것이 코끼리라고 주장했다. 이 우화에는 코끼리의 특정 '부분'에 대해 자기가 알고 있는 것을 고집하는 사람은 있지만, 코끼리의 '전체'를 묘사하는 사람은 없다.

디지털 대전환 시대, 지금 우리가 비즈니스 세상을 보는 입장과 이 코끼리 우화는 매우 닮아 있다. 세상이 어디로 갈지 모르는 불확실성의 시대, 기업들이 느끼는 두려움은 아마 코끼리 우화에 등장하는 시각장애인들의 답답한 마음과 비슷할 것이다. 그리고 급한 마음에 자신이 경험한 디지털 트랜스포메이션(DX)이 이 시대에 필요한 디지털 트랜스포메이션이라고 말한다. 인공지능을 본 사람은 인공지능만이 답이라고, 메타버스를 경험한 사람은 메타버스만이 다음 먹거리라고 말이다.

지난 2년간 코로나19라는 유례없는 팬데믹 상황을 겪는 동안 우리 사회에는 많은 변화가 찾아왔다. 모두가 힘겹고 혼란스러운 시기였겠지만 특히 기업들에게 이 시간은 말 그대로 대전환의 시기였다. 코로나19로 경영 환경이 불확실해지고 갑작스럽게 언택트 사회로 전환되면서 디지털 트랜스포메이션을 통한 업무 프로세스 혁신과 새로운 비즈니스 모델 개발의 중요성이 커졌기 때문이다.

하지만 한국산업기술진흥협회가 1345개 국내 기업을 대상으로 조사한 결과[1] 전체 응답 기업 중 9.7%만이 디지털 트랜스포메이션을 적극 추진하고 있다고 답했다. 전담 조직을 보유한 기업은 전체의 2.1%에 불과했다. 10년간 진행될 것으로 예측했던 디지털 트랜스포메이션을 몇 달 만에 끝내야 하는 상황에 많은 기업이 당황하고 있다.

4차 산업혁명 초기부터 이미 차근차근 디지털 전환을 준비해온 극소수 기업들은 상관없겠지만, 그렇지 못한 기업들은 깜깜한 곳에서 거대한 코끼리의 일부만 보면서 앞으로 나아갈 수밖에 없는 것이 현실이다. 이런 상황에서 그 누구도 정답을 알려줄 수는 없지만, 한 가지 확실한 것은 있다. 모든 기업 앞에 디지털 트랜스포메이션이라는 거대한 코끼리가 서 있다는 것이다.

'부동산계의 우버'라 불리던 세계적인 공유 오피스 기업 위워크. 2010년 대표적인 테크 기업으로 부상한 위워크는 한때 유니콘 기업의 반열에 오르며 기업 가치가 470억 달러(58조 2800억 원)에 달했다. 하지만 2019년 위워크는 갑작스러운 경영 악화로 기업 가치는 80억 달러(9조 9200억 원) 수준으로 떨어졌고[2] 직원들은 대량 해고되었다. 도심 한복판에 위치한 고층 빌딩에 세련된 인테리어로 단장한 공간. 자유롭고 혁신적인 젊은 인재라면 누구나 일하고 싶어 하는 공간을 만들어낸 위워크. 공유 경제의 신화를 쓴 위워크는 어쩌다 파산 직전까지 몰리게 되었을까.

위워크는 테크 기업을 표방했지만 그 본질은 기존의 부동산 기업에 가깝다. 위워크는 대형 사무실을 장기 임대하여 공간 인테리어를 입히고 잘게 쪼갠 다음 여러 임차인들에게 비싸게 빌려주는 방식으로 수익을 얻었다. 이 모델은 건물이라는, 오프라인의 실물 자산이 반드시 있어야만 한다는 점에서 다른 테크 기업과 다르다. 가령 에어비앤비의 경우 수요자와 공급자를 중개해주는 것만으로 수익을 얻는 반면, 위워크는 반드시 대형 사무실을 임대해야 하고, 사무실 유지를 위한 각종 서비스에도 계속 투자해야 한다. 언뜻 보면 테크 기업으로 착각할 수도 있지만 본질은 전혀 그렇지 않다. 이처럼 무늬만 디지털 트랜스포메이션을 해서는 살아남을 수 없다. 재택근무로 전환하고, 온라인으로 서비스하고, 키오스크로 비대면을 한다고 해서 우리 기업이 디지털 트랜스포메이션을 하고 있다고 착각해서는 안 된다. 그건 디지타이제이션(digitization)과 디지털라이제이션(digitalization)을 하는 것일 뿐, 디지털 트랜스포메이션을 하는 것이 아니라는 말이다.

아날로그를 디지털로 바꾸는 디지타이제이션, 디지털 기술을 이용해 비즈니스 운영 방식을 바꾸는 디지털라이제이션에만 그쳐서는 안 된다. 지금 우리에게 필요한 것은 디지털 기술로 새로운 비즈니스 모델을 고민하고, 프로세스를 바꾸고, 비즈니스 생태계를 구축하는 진정한 의미에서의 디지털 트랜스포메이션이다. 디지털 전환이 그저 일하는 방식을 바꾸는 데에서 멈출 것이 아니라 기업의 정체성, 기업의 미래 먹거리, 비즈니스 모델 자체를 전환시켜야 한다는 것이다.

앞에 소개한 코끼리 우화처럼 디지털 트랜스포메이션은 정의하는 사람에 따라 달라질 수 있다. 경영 전략을 수립하는 사람, 마케팅을 하는 사람, 컴퓨터공학 교수가 정의하는 디지털 트랜스포메이션은 모두 다르다. 하지만 모든 정의의 공통점을 도출해보면 기업이 앞으로 10년간 생존하기 위해 필요한 디지털 트랜스포메이션의 핵심을 알 수 있다.

첫째는 앞서가는 디지털 기술과 미래 기술이 필요하다는 것이다. 디지털 기술은 하루가 다르게 발전하고 있고 그 가능성은 무궁무진하다. 둘째는 상품, 서비스, 프로세스, 일하는 방법 등을 디지털화해야 한다는 것이다. 소비자들에게 매력을 주는 디지털 경험은 빠르게 진화하고 있기에 그들을 잡기 위해서는 필수적인 일이다. 셋째는 디지털 기반의 새로운 먹거리를 찾아야 한다는 것이다. 디지털화에 따르는 확장 가능성을 보고, 새로운 시장에 대한 준비를 해야 한다.

필자는 무엇보다도 기업들이 고민해야 하는 두 번째와 세 번째에 대한 이야기를 하고 싶다. 디지털 기술은 지금 익힌다고 해서 끝나는 것이 아니다. 지금 이 순간에도 새로운 기술이 개발되고 있고, 앞으로도 우리가 생각하지 못했던 기술이 계속 나올 것이다. 앞으로 계속 변화한다는 생각을 항상 지니고 있어야 한다. 하지만 기술은 우리의 비즈니스 생태계를 디지털화하고 확장시켜줄 도구이지, 계속 변하는 기술 그 자체를 핵심으로 가져가기는 힘들다.

디지털 트랜스포메이션은 기업의 상품, 서비스, 프로세스, 운영 방식을 근본적으로 바꾸고 그에 따라 새로운 비즈니스 생태계를 구축하는 것이다. 지금 우리 기업의 정체성, 그것이 디지털과 접목되었을 때의 확장 가능성, 이후 소비자들과의 디지털 접점을 아우르며 고민해나가는 것이 진정한 의미의 디지털 트랜스포메이션이다.

발 빠른 디지털 트랜스포메이션의 성공 사례로 주로 회자되는 기업으로 아마존, 마이크로소프트, 구글 등이 있다. 그들의 방법을 알아가는 것이 도움이 될 수는 있으나 모든 기업이 전략을 수립할 때 아마존, 마이크로소프트, 구글이 될 수도 없고 될 필요도 없다. 우리 기업다운 디지털 트랜스포메이션을 준비하는 것이 중요하다. 현재 우리 기업이 어느 정도 수준인지 진단하고 우리 상황에 맞는 전략을 수립한 뒤에, 실행을 위한 방법을 차근차근 찾아나가면 된다.

약 4년간 실제로 여러 기업과 프로젝트를 진행하며 지금 기업들이 고민하고 있는 것과, 고민 끝에 얻은 결과물들을 만났다. 한 가지 확실한 것은 디지털 트랜스포메이션이 지속적인 프로세스이며, 순간이 아닌 움직임이라는 것이다. 그렇기 때문에 경영진만 고민하고, IT 부서만 움직이는 것으로는 부족하다. 개발자, 기획자, 마케터 등 기업 곳곳에서 일하는 직원들의 사고 전환이 있어야 하며, 끊임없이 그들의 움직임을 관찰해야 한다.

이 책을 통해 인사이트(insight)가 아닌 포사이트(foresight)를 얻기를 바란다. 급변하는 세상에서 살아남기 위해 바로 지금 기업들이 변화하고 있는 모습을 살펴보면서 지금 나와 우리 기업이 생존할 수 있는 방향을 찾아내길 바란다. 이것은 충분히 가능한 일이다. 4차 산업혁명의 시대에는 다윗이 골리앗을 무찌를 무기인 다양한 디지털 기술이 있으니 말이다.

(1)

기술로 경계를 무너뜨려라

기술 × 경계

스타벅스에서 커피가 사라진다

빅블러

우리나라 사람들의 커피에 대한 애정은 엄청나다. 시내 중심에는 한 집 건너 한 집이 커피숍이고, 웬만한 골목에도 커피숍 없는 곳이 없다. 대형 프랜차이즈 커피숍이 들어온 빌딩은 임대료가 올라가고, 유명 커피숍 하나가 골목 상권을 살리기도 한다.

서울은 그 어떤 글로벌 도시보다도 카페가 많기로 유명하다. KB금융지주 경영연구소가 발표한 〈커피전문점 현황 및 시장 여건 분석〉(2019년)에 따르면, 한국의 커피숍은 치킨집보다 3배나 많다고 한다. 또 1인당 연간 커피 소비량 역시 세계 평균의 2.7배에 달한다. 한국인은 연간 353잔의 커피를 마신다고 하니, 국민 모두 매일한 잔씩 마시는 셈이다.

타인과의 거리두기가 일종의 사회적 미덕이 된 유례없는 팬데믹 상황에서도 사람들의 커피 사랑은 변함없었다. 그리고 그 중심에 '스타벅스'가 있다. 사회적 거리두기라는 말이 무색할 만큼 스타벅스는 매장마다 손님으로 북적거렸다. 실제 스타벅스는 2021년 대한민국에서 역대 최고의 매출을 기록하기도 했다. 전년 대비 2조 3000억여 원의 초과 매출을 달성하는 기염을 토했던 것이다. 1999년 스타벅스가 한국 시장에 진출한 이후 20년여 만에 처음으로 2조 원의 매출을 달성한 것이다.[1]

사실 자영업자들에게 최근 2년은 잔인하리만큼 가혹했다. 강력한 사회적 거리두기를 시행했던 탓에 골목 상권의 소규모 커피숍들은 줄줄이 문을 닫았다. 그런 분위기 속에서도 스타벅스만큼은 오프라인 매장을 확대해나갔다. 2020년에만 1404개의 매장을 신설해, 전국의 매장 수가 3만 2660개에 달한다. '스세권'이 한때 주거 만족도를 표현하는 하나의 작은 프리미엄이었다면, 이제는 스타벅스 없는 동네를 찾기 어려운 지경에 이른 것이다.

스타벅스의 성공에는 감각적이고 트렌디한 카페 문화의 도입, 가성비 좋은 공간 서비스, 한국인들의 유별난 커피 사랑 등 여러 가지 요인이 복합적으로 작용했다. 그중에서 특히 주목할 것은 오프라인 매장을 생태 기반으로 삼는 전통적 제조업종인 커피 전문점이 어떻게 온라인 커머스로 빠르게 대체되는 현재의 시장 상황에서 생존을 넘어 성장의 날개를 달 수 있었을까 하는 점이다.

그 해답은 스타벅스가 발 빠르게 디지털 트랜스포메이션에 성공했다는 점에 있다. 스타벅스 앱을 들여다보면 그 변화의 구조가 좀 더 뚜렷하게 보인다. 스타벅스 앱은 옴니채널(omni-channel)을 지향하며 산업군의 경계를 넘나든다. 커피 산업의 본질은 제조업이지만 금융까지 아우르며 기존 산업군의 정의 방식으로는 설명할 수 없는 비즈니스 모델을 만든 것이다. 단순히 서비스의 질을 개선하고 충성 고객을 확보하는 수준이 아니라 커피를 팔아 막대한 현금 유동성(선불 충전)을 확보하게 됐다는 의미다.

'모든 것'을 의미하는 옴니와 유통 경로를 의미하는 채널의 합성어인 옴니채널은 온라인 커머스와 오프라인 매장을 결합한 환경을 뜻한다. 소비자가 항상 같은 매장을 이용하는 것처럼 느낄 수 있는 쇼핑 환경을 제공하는 것이 특징이다. 쉽게 설명하면 우리 동네에 있는 스타벅스 A지점이나 지방 어느 도시에 있는 스타벅스 B지점이나 똑같은 매장처럼 느끼게 만드는 것이다.

멀티채널이 판매처를 다양화해 소비자와의 접점을 늘리는 방식

REWARDS
FOR ALL
MY STARBUCKS
REWARDS
STARBUCKS
since
1971

이라면, 옴니채널은 다양한 유통 채널을 하나로 연계해 고객 편의를 높이는 방식이다. 멀티채널의 경우, 같은 제품이라도 해당 채널이 어떤 콘셉트냐에 따라 제품에 대한 고객 경험이 달라지지만, 옴니채널의 경우에는 어느 채널에서 구매하든 고객의 경험치는 같다. 또 옴니채널은 온라인에서 구매하고 오프라인 매장에서 픽업하거나, A지점에서 구매한 제품을 B지점에서 반품하는 등의 일이 가능하다.

스타벅스는 옴니채널 생태계를 구현한다. 앱을 통해 사이렌 오더로 음료를 주문하고 내 위치에서 가장 가까운 매장에서 음료를 픽업할 수 있다. 소비자에게는 모바일로 언제 어디서든 간편하게 음료를 주문할 수 있는 디지털 서비스 경험을, 기업에는 오프라인 매장의 경쟁력을 높이는 방편을 제공하는 셈이다.

스타벅스는 옴니채널에서 한 단계 더 나아갔다. 바로 선불 충전이라는 결제 방식을 도입한 것이다. 스타벅스 카드는 앱에 삽입되는 모바일 카드와 실물 카드의 두 가지 형태로 구입이 가능한데, 모바일 카드의 경우 지갑 없이 휴대전화만 있으면 커피를 미리 주문해 기다리지 않고 바로 픽업할 수 있다는 편의성 덕분에 불티나게 팔렸다. 2018년 스타벅스가 많은 사람의 우려 속에서 시작한

'현금 없는 매장'도 스타벅스 카드에 날개를 달아주었다. 현금 결제가 아닌 카드 결제만 받는 '현금 없는 매장' 덕분에 고객들은 자연스럽게 리워드가 더 많고, 편리한 스타벅스 앱으로 갈아탔다.

국내 스타벅스의 2020년 선불 충전금은 1801억 원에 달했다. 토스(1214억 원)나 네이버파이낸셜(689억 원)보다도 큰 금액이다. 전 세계로 범위를 확대해보면 스타벅스 앱에 충전된 금액은 약 20억 달러(2조 4800억 원)를 넘어선 것으로 추정된다. 미국 내 은행의 87%가 총 자산이 10억 달러(1조 2400억 원)가 안 되니, 웬만한 기업이나 은행보다 커피 전문점이 훨씬 많은 현금을 보유하고 있는 셈이다.[2]

이쯤 되면 스타벅스를 단순히 커피 전문점만으로 볼 수 없다. 스타벅스는 막대한 규모의 선불 충전금을 은행에 예치해 이자를 받거나 투자금으로 활용할 수 있으니 거대한 금융업을 하고 있는 셈이다. 동시에 성공적인 온라인 커머스를 이룬 유통업으로, 강력한 팬덤을 지닌 오프라인 제조업으로 정의할 수도 있다.

스타벅스는 빅블러(big blur)현상을 대변한다. 빅블러는 기존의 산업 간, 업종 간의 경계가 사라지는 현상을 말한다. 생산자와 소비자의 구분이 사라지고, 온라인과 오프라인의 경계가 사라지며,

제품과 서비스의 차이가 사라지고 있다. 디지털 트랜스포메이션의 핵심은 바로 이 빅블러에 있다. 4차 산업혁명의 기술이 더욱 빠른 속도로 업종 간의 경계를 무너뜨리고, 추가적인 수익을 창출하게 하며, 고객을 오랫동안 꾸준히 우리 기업에 묶어두는 것이다. 이것을 디지털 기술 기반이 모든 곳에 연결된다(All is connected)는 원리로 이해하면 쉽다. 고객을 우리 기업에 묶어두기 위해 고민하다 보면 제조는 유통으로, 유통은 제조로 연결될 수밖에 없고, 그 강력한 무기는 금융 서비스 부분까지 선점하게 한다.

아마존, 애플, 알리바바, 알파벳, 텐센트 등 시가총액이 세계 10위 안에 드는 글로벌 기업 가운데 이미 7개 기업이 스타벅스와 같이 금융 관련 비즈니스를 하고 있다. 아마존은 아마존 페이, 아마존 고, 아마존 알렉사 등을, 애플은 애플 페이를 출시했다. 국내에서도 IT 기업들이 금융업에 진출해 기존 금융 회사와 경쟁하며 산업군의 경계를 무너뜨리고 있다.

특정 사업에 대한 기존 정의로만은 미래 시장에서 결코 살아남을 수 없다. 제조업이라고 해서 제조업 안에서만, 서비스업이라고 해서 서비스업 안에서만 생존의 길을 모색하는 시대는 끝났다. 그리고 다행히도 우리에게는 그 경계를 뛰어넘게 도와줄 기술들이 가까이에 있다. 어떤 기술이 우리 기업에 필요한지, 판을 뒤집는 전략을 하루라도 빨리 구상하고 도입해야 할 때다.

세상에서 가장 느린 내비게이션

서비타이제이션

“느리지만 가장 아름다운 길로 안내해드리겠습니다.”

현대인에게 시간은 가장 중요한 자원이다. 귀찮고 반복적인 가사노동은 정교하게 발달한 생활 가전이나 대행 서비스를 통해 아웃소싱하고, 요리는 간단한 밀키트나 배달 음식으로 빠르게 대체한다. 한두 시간의 여유를 얻기 위해 사람들은 기꺼이 돈을 지불하는 것이다.

사람들의 이동 패턴과 효율성을 획기적으로 개선시킨 내비게이션 또한 마찬가지다. 내비게이션은 위성 정보를 통해 목적지까지 가장 빠르게, 정체 없이 도착할 수 있는 방법을 실시간으로 운전자에게 알려준다. 이제 내비게이션이 없는 생활은 상상이 안 될 정도로 생활 깊숙이 들어와 있다. 그런데 내비게이션의 본래 목적과 달리 '일부러 느린 길을 찾아서 알려주는' 내비게이션이 등장했다. 바로 티맵모빌리티가 제주도에서 시범적으로 제공하고 있는 '슬로우로드 서비스'다.

슬로우로드 내비게이션은 목적지를 입력하면 가장 빠른 경로나 가장 짧은 거리 대신 제주도의 아름다운 풍광을 즐길 수 있는 길이나 제주도의 매력을 경험할 수 있는 길로 안내해준다. 가령 슬로우로드 서비스를 이용해 제주공항에서 성산일출봉으로 이동할 경우 보통의 내비게이션은 97번 도로나 1119번 국도를 이용하는 빠른 길을 추천한다. 평일 기준으로 대략 한 시간 20분 정도 걸린다. 그런데 슬로우로드는 아침미소목장, 한라생태숲, 알돌오름 등을 경유하는 루트로 안내한다. 이렇게 가면 도착지까지는 최대 40분 정도가 더 걸린다.

내비게이션 본연의 기능을 과감하게 배제한 이 서비스에 사람들은 '진짜 제주를 경험할 수 있게 해주는 보물지도와 같다'며 열광한다. 방문객들이 원하는 건 관광지를 빠르게 순회하는 것이 아니라 여유롭고 느긋하게 제주를 음미하고 그 안에서 여행의 묘미

를 찾는 것이기 때문이다.

기업이 디지털 트랜스포메이션을 통해 얻게 되는 최고의 가치는 고객에게 전과는 다른 디지털 경험을 제공하는 것이다. 새로운 경험이 기업에 주는 건 단연 고객이다. 기존 고객과는 유대관계를 강화시키고, 새로운 고객은 적극적으로 유입시킨다. 하지만 이는 기존의 기능과 서비스를 고도화하는 것만으로는 한계가 있다. '빠른 길을 찾는 수단'으로서만 내비게이션에 접근한다면 사람들이 그 안에서 느끼는 서비스 감동 또한 제한적일 수밖에 없다.

소비자가 익숙한 제품과 서비스에 머물기 시작하면, 새로운 고객 확보는 더더욱 요원하다. '더 나은 서비스' 같은 익숙한 구호 대신 소비자의 인식까지 한 번에 바꿀 수 있는 발상의 전환은 그래서 중요하다. 제조업이 제조업에 머물러서는 고객에게 새로운 가치를 줄 수 없다. 제조업체가 만든 상품에 디지털 기술과 소비자의 새로운 요구를 담아 부가가치를 창출하는 것을 '서비타이제이션(servitization)'이라고 한다. 제조업의 서비스화, 즉 서비타이제이션이 제조업 혁신을 이끄는 원동력이 된다.

서비타이제이션의 대표적인 사례가 바로 프랑스 타이어 제조사인 미쉐린이다. 미쉐린은 2019년 서울 모터쇼에서 사물인터넷

(IoT)을 활용한 '미쉐린 트랙 커넥트(Michelin Track Connect)'를 선보였다. 그동안 자동차 타이어는 그저 외부 충격에만 잘 버틸 수 있게 튼튼하게 만들면 된다고 여겨졌었다. 그런데 미쉐린은 기존 생각을 깨고 디지털 기술을 결합한 타이어를 세상에 내놓은 것이다. 여기에는 사물인터넷 기술이 쓰였다.

사물인터넷이란 말 그대로 여러 사물에 통신 기능을 연결해서 스마트폰과 연동시키는 것이다. 미쉐린 트랙 커넥트는 타이어 내부에 센서를 장착하고 운전자 휴대폰의 앱을 통해 다양한 정보를 제공한다. 타이어의 공기압과 온도, 노면 상태 등을 체크해 자동차의 성능이 가장 잘 발휘될 수 있는 공기압을 추천하고 운전자에게 최상의 주행 경험을 제공하는 것이다. 주행이 끝난 뒤에는 주행 중에 기록된 다양한 데이터를 분석해서 운전 습관을 교정하고 연료 절감 효과까지 누리게 해준다.[3]

제조업 서비타이제이션의 또 다른 사례로 엘리베이터도 있다. 국내의 대표적인 엘리베이터 제조사인 티케이엘리베이터는 사물인터넷을 활용한 서비스를 제공하기 시작했다. 그동안 엘리베이터는 늘 고장 난 뒤에야 문제를 찾아 해결하는 식으로 관리되었다. 그런데 티케이엘리베이터는 기술을 활용해 사고가 나거나 고장이 나기 전에 부품의 마모 상태 등 문제점을 찾아낸다. 엘리베이터 사고는 자칫 인명 피해로 이어질 수 있기 때문에 이런 서비스는 무척 이나 호응이 좋았다. 티케이엘리베이터에 장착된 센서는 엘리베이터의 속도, 모터 온도, 출입문 오작동 등의 정보를 수집·분석해 엘리베이터에 어떤 문제가 발생할지 예측한다.

타이어와 엘리베이터. 전통적 제조업군에 속하는 이 제품들이 디지털과 무슨 관련이 있을까 싶지만 여기에 무슨 서비스를 더할 수 있을까라는 고민이 디지털 트랜스포메이션과의 접점을 찾아냈다. 디지털 혁신 기술을 활용해, 유형의 제품에 무형의 서비스를 결합함으로써 고객에게 새로운 경험을 제공하고 서비스 중심의 기업으로 전환하는 것. 이 서비타이제이션이야말로 과거의 산업군으로 분류되는 제조업의 생존책이자 경쟁력이라 할 수 있다.

진화한 소비자들이 보다 차별화된 제품으로 발 빠르게 갈아타는 것을 막을 수 없다면, 기업 또한 소비자의 눈높이에 맞춰 제품에 대한 새로운 접근과 해석을 제시하며 이를 서비스로서 마땅히 구현해야 하지 않을까. 21세기에도 여전히 유효하고 강력한 기업으로 살아남고 싶다면 말이다.

스마트폰처럼 로봇 카를 데리고 다니는 세상

똑똑한 자동차

"로봇은 점점 인간과 가까워지고 있습니다. 우리가 매일 스마트폰을 들고 다니는 것처럼 언젠가는 사람들이 모두 '스팟(서비스 로봇)'과 함께 다니게 될 것입니다."[4]

2022년 1월, 세계 최대 전자제품박람회라 불리는 국제전자제품박람회(Consumer Electronic Show, CES)에 정의선 현대자동차그룹 회장이 로봇 개와 함께 무대에 올랐다. '이동 경험의 영역을 확장하다'라는 주제로 현대자동차그룹의 미래 로봇공학 비전에 대해 발표하는 자리에 로봇 개와 함께 등장한 것이다. 이날 '스팟'은 정의

선 회장 못지않게 주목받았다. 스팟은 BTS 노래가 흘러나오자 네 다리를 폴짝거리며 리듬을 타기도 하고, 환호하는 관객들 앞으로 기어가 애교를 부리듯 고개를 끄덕거리기도 했다. 흡사 살아 있는 반려동물과 같은 모습이었다.

자동차를 만드는 현대자동차가 왜 로봇 개와 함께 미래 로봇공학 비전을 발표했을까? 로보틱스는 현대자동차가 꼽는 미래 성장 동력 신사업 중 하나다. 로봇 개 스팟은 현대자동차가 지향하는 로보틱스가 어떤 모습인지 보여준 단적인 예로, 이날 정 회장이 스팟을 데리고 비전 발표를 한 것은 자동차의 미래 또한 로봇에 있음을 보여주기 위함이었다. 자동차는 더 이상 단순한 이동 수단이 아닌 로봇으로서 우리 일상에 늘 함께하는 플랫폼이자 편리한 삶을 위한 조력자가 될 것이라는 기업의 선언이기도 했다.

급격히 고도화되는 기술 앞에서 경계나 한계는 이제 무의미하다. 자동차 산업은 일찌감치 그 경계를 무너뜨리고 제조업의 이미지를 탈피하기 시작했다. 그동안 성능이나 기능을 강조한 자동차 개발에서 이제는 인공지능(AI), 자율주행 등 좀 더 정교해진 디지털 기술을 앞세운 자동차를 만들고 있다. 미래 자동차는 디지털 혁신 기술과의 융합을 통해 어엿한 플랫폼으로 자리 잡을 태세를 이

미 갖췄다.

인공지능이나 자율주행은 이미 많은 부분 현실화되어 실제 자동차에 적용되고 있다. 상용화 준비를 마친 '아이오닉5 로보택시'는 무인 자율주행 전기차다. 2021년 10월 세계 최대 모터쇼 중 하나인 'IAA 모빌리티 2021'에서 현대자동차가 공개한 자동차로, 미국자동차공학회(SAE)로부터 레벨4의 자율주행 기술 인증까지 받았다. 미국자동차공학회가 인증하는 자율주행 기술 등급은 레벨0에서부터 레벨5까지 총 6단계로 구분되는데, 위험한 상황에서 자동차 스스로 어디까지 대처가 가능한지를 측정하는 단위다. 레벨0~2는 운전자의 개입이 필요한 단계, 레벨3은 운전자의 통제가 일부 필요한 조건부 자율주행 단계, 레벨4부터는 완전자율을 의미한다. 아이오닉5 로보택시는 레벨4를 받았으니 완전자율차 인증을 받은 것이다.[5]

우리나라보다 한 발 빠르게 움직이고 있는 중국에서는 이미 자율주행차가 도로 위를 달리고 있다. 중국의 자율주행 서비스 스타트업 위라이드는 광저우, 항저우 등에서 자율주행 택시 서비스를 시범 운행 중이다. 위라이드는 2019년 중국 지도 서비스 기업 '가오더'와 함께 로보택시를 개발하기 시작했다. 2020년 한 해에만 총 14만 7000회 운행했고, 6만 명 이상이 이용했다. 시범 운행 기간이기에 만약의 경우를 대비해 차량에는 상시 안전요원이 동승해 돌발 상황에 대비하게 했지만 아직 운행 중에 안전사고가 발생했다는 신고는 한 건도 들어오지 않았다.[6]

자율주행을 넘어 공상과학영화에나 등장할 법했던 하늘을 나는 자동차 플라잉카의 개발도 꽤나 진척된 상황이다. 미국 항공기 제조 기업이자 방위산업체인 보잉은 이미 2019년 1월 자율주행 플라잉카의 시험 비행을 성공리에 마쳤고, 또 다른 항공 기업 오토에비에이션 역시 같은 해 6월 유인 플라잉카 시험 비행을 성공적으로 마쳤다.[7] 중국도 무서운 속도로 플라잉카 시장에 진입하고 있다. 특히 대표적인 무인항공기 제조 기업인 '이항'은 이미 중국뿐만 아니라 미국, 캐나다, 네덜란드, 오스트레일리아 등 20여 개국에서 시험 비행을 성공적으로 마쳤다.

현대자동차의 선언처럼 자동차는 단순한 이동 수단을 넘어서서 매우 똑똑한 로봇으로 거듭나고 있다. 이제 사람들은 자동차를 애완동물처럼 데리고 다닌다. 또한 자동차는 인공지능, 사물인터넷을 통해 소비자의 생활 패턴에 따라 다채롭게 구현되는 하나의 '공간'으로서 탈바꿈하고 있다.

덩달아 자동차업계는 서비스업, 콘텐츠업으로까지 영역을 넓

혀가고 있다. 자동차 안에서 체험할 수 있는 다양한 경험적 콘텐츠와 기술에 대해서도 고민하기 시작한 것이다. 사람들은 이동 중 차 안에서 영화를 보고, 문서를 작성하고, 화상회의를 하고, 미뤄뒀던 쇼핑도 한다. 실제로 현대자동차는 2021년 신차 공개와 함께 메타버스 플랫폼인 '제페토'에서 시승 체험 서비스를 제공했다. 로보틱스와 메타버스가 결합된 '메타모빌리티(metamobility)'를 통해 인간의 이동 경험을 확장하는 시도를 업계 최초로 구현해낸 것이다. 이는 새로운 경험을 중시하는 MZ세대들로부터 큰 호응을 얻으면서 자동차도 놀이 공간이 될 수 있고, 엔터테인의 영역에 들어왔음을 보여줬다.[8]

스마트폰을 세상에 내놓으며 전 세계의 산업구조와 소비자들의 생활 패턴을 바꾼 전자 기업 애플이 애플카를 만들겠다고 선언한 것은 어찌 보면 당연한 수순인지도 모른다. 자동차를 움직이는 스마트폰·태블릿 시장에서 막강한 파워를 지닌 애플이야말로 모빌리티 기업에 가장 필요한 경쟁력을 가졌다고 볼 수 있기 때문이다.

경계에서 벗어날 것, 디지털 대전환의 시대에 아무리 강조해도 지나치지 않은 지침이다.

로레알은 왜 립스틱에 인공지능을 접목했을까

AI 피보팅

세계 최대 규모의 가전제품박람회인 국제전자제품박람회는 1967년 뉴욕에서 처음 개최된 이래 해가 거듭할수록 명성이 높아지며 지금은 세계 가전업계의 흐름을 한눈에 보여주는 권위 있는 행사로 자리 잡았다.

매년 1월이면 전 세계 가전업계는 국제전자제품박람회가 열리는 라스베이거스에 주목한다. 기업들이 이 박람회에 주목하는 것은 경쟁사들의 신제품 동향이나 시장 트렌드를 파악하기 위함도 있지만, 더 큰 이유는 바로 이곳에서 미래의 기술 동향을 엿볼 수 있기 때문이다. 1970년대 CD플레이어, 1980년대 DVD 등이 처음 세상에 선보인 곳도 바로 국제전자제품박람회였고, 드론, 디지털 헬스케어, 자율주행차 등의 4차 산업혁명 기술이 접목된 제품이 등장한 곳도 바로 국제전자제품박람회였다.

그렇다 보니 삼성, LG를 비롯해 소니, 인텔 등 이름만 들어도 알 만한 글로벌 기업들이 매년 라스베이거스에서 최신 기술력을 앞다퉈 선보인다. 그런데 이곳에서 유독 눈에 띄는 이름의 기업이 등장했다. 바로 글로벌 뷰티 브랜드 '로레알'이다. 세계적인 화장품 제조 기업이 어쩌다 국제전자제품박람회에 등장하게 된 걸까?

로레알은 2021년 국제전자제품박람회에서 '로레알 워터 세이버'를 선보였다. 로레알 워터 세이버는 로레알과 스위스 환경 혁신 기업 기요사(GJOSA)가 공동 개발한 샤워헤드다. 뷰티 브랜드가 왜 갑자기 샤워헤드를 개발했을까? 바로 세계적인 물 부족 사태에 대응하기 위해서였다. 기업의 사회적 책임과 지속 가능성, ESG(환경 Environment, 사회Social, 지배구조Governance) 경영에 대한 고민의 연장선상에서 나온 것이 바로 이 샤워헤드인 것이다.

로레알 워터 세이버는 미국 시사 주간지 〈타임〉이 '올해 최고의 발명품'으로 선정할 만큼 뛰어난 기술력을 인정받았다. 디테일을 보면 더욱 놀랍다. 보통 머리를 감는 과정에서 엄청난 양의 물이

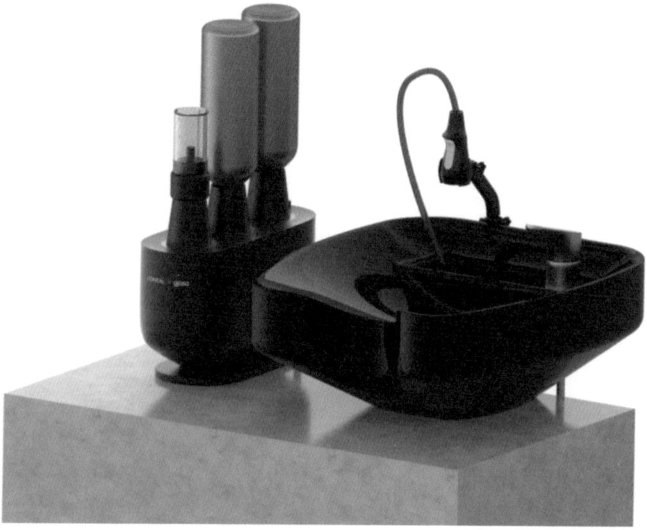

사용되는데, 이 샤워헤드는 물을 최대 65%까지 절약해준다. 미세 이온화된 물방울이 정해진 방향으로 일정하게 나뉘는 덕분에 물방울의 크기는 작아지고 물이 흐르는 속도는 빨라져서 머리를 감고 헹구는 과정에서 낭비되는 물을 현격히 줄일 수 있다.[9]

이와 함께 로레알의 뷰티 브랜드 입생로랑은 매일 아침 사용자의 컨디션에 맞게 립스틱을 만들어주는 '루즈 쉬르 므쥐르 바이 페르소(페르소)'를 선보여 주목을 끌었다. 페르소는 전용 앱을 통해 그날그날 사용자에게 맞는 립 컬러를 제안해준다. 사용자가 셀카를 찍어 올리면 피부톤과 그날 입은 옷의 색상을 분석해서 어울리는 립 컬러를 제안하는 것이다. 페르소 안에 로레알의 색조 전문 기술이 반영된 인공지능이 탑재되어 있어 가능한 일이다.

페르소는 추천만 해주는 것이 아니라 제조까지 해준다. 사용자가 증강현실(AR) 기술을 이용해 추천받은 립스틱을 입술에 미리 얹어보고 마음에 들어 하면, 페르소가 해당 컬러로 1회 분의 립스틱을 즉시 제조해준다. 페르소 전용 기기를 통해 립스팁이 제조되는 것이다. 사용자는 이를 바로 바르거나, 아니면 용기에 담아 간단하게 휴대할 수도 있다. 로레알은 기초 스킨케어 제품을 즉석에서 만들어주는 페르소 스킨케어 기기를 선보인 지 1년 만에 보다 정교해진 기술을 탑재한 뷰티 기기를 선보인 것이다.

화장품 제조 기업인 로레알의 놀라운 기술력은 어떻게 가능했을까. 로레알은 이미 2010년에 '디지털의 해'를 선포하고 다각도로 디지털 트랜스포메이션을 준비해온 기업으로 유명하다.

"디지털 혁명은 엄청난 모험이자 근본적인 변화다. 디지털은 로레알의 사업구조를 완전히 바꿨고 이는 엄청난 사업 기회를 제공했다. 2020년 상반기 기준 전자상거래는 지난해 상반기보다 65% 성장했다. 매출의 25% 수준이다. 디지털은 브랜드의 '촉진제' 역할을 한다."[10]

로레알 회장 장 폴 아공의 말이다. 그의 선견지명 덕일까. 브랜드 평가 기관인 브랜드파이낸스가 발표한 '2020년 화장품 브랜드 가치'에 따르면 로레알은 117억 4700만 달러(14조 5662억 8000만 원)의 가치를 가진 것으로 평가되어, 뷰티 브랜드 중 1위를 차지했다. 2위인 미국 질레트의 브랜드 가치가 84억 7900만 달러(10조 5139억 6000만 원)임을 감안하면 2위와의 격차도 상당하다.[11]

로레알의 혁신은 많은 것을 시사한다. 첫째, 로레알은 기업의 정체성을 과감하게 재정의하고 경계를 무너뜨렸다. 화장품을 만들어 판매하는 뷰티 제조업의 성격을 탈피해, 고객 맞춤 서비스까지 제공하는 서비스 기업으로 전환하며 산업의 경계를 무너뜨린 것이다.

둘째, 로레알은 디지털로 피보팅했다. 로레알이 '디지털의 해'로 선포한 2010년, 1600명에 달하는 디지털 관련 인력 전원을 마케팅팀에 투입한 것이 단적인 예다. 제품의 감도와 정교함을 다루는 뷰티업계에서, 아니 다른 분야의 제조업에서도 쉽게 찾아보기 힘든 파격적인 조직 구성이다. 로레알은 이후 10여 년간 약 3만 300여 명의 직원에게 지속적으로 디지털 교육을 실시하고 있다. 관련 인력뿐만 아니라 직원 모두 디지털에 대한 이해가 필요하다는 판단에서다.

피보팅이란 트렌드 등의 외부 환경이 급속도로 변화함에 따라 기존 사업 아이템이나 자산을 바탕으로 사업의 방향을 다른 쪽으로 전환하는 것을 말한다. 피보팅은 단순히 신제품을 출시하거나 새로운 마케팅 방식을 도입하는 수준을 넘어선다. '몸의 중심축을 한쪽 발에서 다른 쪽 발로 이동시키는 것'이라는 피봇(pivot)의 의미처럼, 기존의 자산과 핵심 역량을 기반 삼아 사업의 방향을 전환하는 것이 피보팅이다.

지금이야말로 디지털 피보팅이 절실한 때다. 화장품 제조업체 로레알이 국제전자제품박람회를 섭렵한 것처럼, 또는 브랜드 희소성을 유지한다는 이유로 오프라인을 고집했던 럭셔리 브랜드들이 의미 있는 디지털 행보를 보이는 것처럼 말이다.

코로나19 이후 이른바 보복 소비 심리가 발동해 전 세계적으로 럭셔리 브랜드들의 성장세가 두드러졌다. 세계 최대 명품 기업인 LVMH(루이비통모에헤네시)와 같은 럭셔리 브랜드 기업의 주가는 2021년 한 해에만 39% 이상 올랐다. 하지만 모두가 함께 웃은 건 아니다. 같은 기간 페라가모, 버버리의 주가는 각각 15.4%, 18.8% 하락했고, 토즈 역시 30.9% 급락했다. 그 차이에 관해서는 여러 분석이 가능하겠지만 주목할 부분은 역시 디지털로의 피보팅이다.[12]

LVMH는 럭셔리 브랜드의 금기라 여겨지던 온라인으로 과감하게 방향을 전환했다. 디지털에 친숙한 밀레니얼 세대를 겨냥, 루이비통, 디올, 지방시 등의 브랜드 제품을 판매하며 핀테크 결제를 도입하고, 소셜 미디어 홍보와 마케팅을 강화했다. 디올은 럭셔리 브랜드 최초로 중국 모바일 메신저 '위챗'을 이용해 온라인 전용 한정판 제품을 판매하고, 실시간 생방송을 진행했으며, 결제 방식 역시 중국에서 대중화된 알리페이를 사용했다. 오프라인 매장을 방문할 수 없던 팬데믹 상황 속에서 이러한 변화와 시도는 눈에 띄는 매출 이익과 브랜드 가치의 성장이라는 결과로 돌아왔다.[13]

기업이 끊임없이 혁신해야 한다는 데 이견을 달 사람은 없을 것이다. 시장의 불확실성이 극에 달한 지금, 기존의 성공 공식을 벗어난 피보팅을 주저하는 브랜드들도 분명 있을 것이다. 하지만 디지털과 전혀 무관할 것 같았던 화장품 제조 기업이, 온라인은 영원히 금기시할 것 같았던 명품 산업이 이제 디지털로 피보팅하고 있다. 그리고 그 방향성이 틀리지 않았음을 소비자들의 반응으로, 기업 가치의 성장으로 보여주고 있다.

혁신하기 가장 좋은 때는 바로 지금이다. 피보팅을 해야 할 시점은 바로 지금이다.

나만의 레고를 만들듯이

IT 메이커 무브먼트

아이고 어른이고 할 것 없이 모두가 열광하는 장난감, 레고. 이 작은 플라스틱 브릭 하나에 담긴 무한한 상상력은 세대를 아울러 많은 이를 매료시킨다. 레고는 한때 비디오게임, 컴퓨터 등의 등장으로 외면받았다. 여기에 더해 레고와 비슷한 블록 제품이 우후죽순 생겨나면서 시련을 겪었다. 하지만 예기치 못한 팬데믹으로 사람들이 집에 있는 시간이 늘어나면서 오히려 매출이 급등하는 반전을 맞았다. 레고의 2021년 상반기 매출은 설립 이후 최고액인 230억 크로네(약 4조 1400억 원)이고 순이익은 전년 동기 대비 140% 급증했다.[14]

레고의 식지 않는 인기는 '어른들의 장난감'이라는 확고한 인식에서 비롯된다. 레고가 추구하는 본질은 간단하다. 작은 플라스틱 벽돌을 활용해 무언가를 조립하고 창조하는 것. 이러한 과정은 인간의 창조 본능을 자극하고 성취감과 소유욕을 불러일으킨다. 소비자들은 새로운 브릭뿐만 아니라 이미 완성한 블록을 몇 번이고 조립하고 분해하면서 단순히 그 과정 자체에 몰입하기도 하고, 자기만의 작품을 창조하기도 한다. 뿐만 아니라 레고 커뮤니티에서 '좋아요'를 1만 개 이상 받으면 그 아이디어를 바탕으로 신제품이 출시된다. 소비자가 때로는 생산자, 때로는 창조자가 되는 경험을 하는 것이다.

메이커 무브먼트(maker movement)는 레고뿐만 아니라 뜨개질, 공예 등 자기가 필요하고 좋아하는 물건을 직접 만드는 사람들이 생겨나는 현상을 일컫는다. 아예 이들을 공략하는 대규모 마케팅 행사들도 있다. 대표적인 것이 '메이커페어'다. 우리나라를 비롯한 전 세계 곳곳에서 열리는 대규모 DIY 축제인 메이커페어에는 참가 자격도 조건도 없다. 누구나 참석해 어떤 재료로, 무엇을 만들든 상관없다. 재미있는 점은 행사 초창기인 2000년대 중반에는 주로 목재, 철재, 플라스틱 등 물성을 지닌 소재들과 이를 활용한 제품들이 많았다면, 최근에는 IT 기술을 활용하는 메이커들이 대거 등장하기 시작했다는 것이다.

소비자들은 기업이 생각하는 것 이상으로 적극적이고 창의적이다. 이와 같은 능동적인 소비자들은 기업이 만든 제품을 사용하는 대신, 자신들이 원하는 제품을 직접 만들어 쓰고 싶어 한다. 이 같은 소비자들의 욕구는 디지털 기술의 발달로 실제 비즈니스 현장에서 실현되고 있다.

생산자와 소비자를 이분법적으로 나누는 기존의 경계는 희미해지고, 유통에서의 공급 사슬 역시 B2C(Business to Consumer)에서 C2M(Customer-to-Manufacturer)으로 넘어가고 있다. 불필요한 유통 단계는 생략하는 대신, 소비자가 직접 생산 과정에 참여하고 이를 소비하는 패턴으로 가는 것이다.

C2M 모델을 발 빠르게 도입해 초고속 성장을 이룬 기업은 어렵지 않게 찾아볼 수 있다. 중국의 이커머스 기업 '핀둬둬'는 시장 진출 5년 만에 중국 최대 이커머스 기업 알리바바와 어깨를 나란히 할 정도로 성장했다. 2020년에는 이용자 수를 기준으로 알리바바를 제쳤고, 2021년에는 중국 전자상거래 시장에서 13.2%의 점유율을 기록하는 등 눈에 띄는 성장세를 보이고 있다.[15]

핀둬둬의 성공 전략이 바로 C2M 방식이다. 자사 브랜드는 없지만 제조 공정에는 자신감이 있던 핀둬둬는 소비자를 제조 과정에 적극 참여시켜서 자신들의 취약점인 기획과 마케팅을 보완했다.

핀둬둬는 2018년 7월 C2M 플랫폼 '핀공장'을 오픈했다. 1000여 개의 제조 공장과 제휴해 소비자의 니즈를 반영한 상품을 기획·제작·생산하기 시작한 것. 이러한 방식으로 출시한 제품이 로봇 청소기 '찌아웨이스', 주방식기 '산허' 등이다.

찌아웨이스는 로봇 청소기를 쓰고 싶지만 가격이 너무 비싸서 구매하지 못하는 사람이 많다는 점에 착안, 좀 더 합리적인 가격대의 로봇 청소기를 개발한 사례다. 소비자들의 아이디어를 제품에 적극 반영해 사용 빈도가 낮은 부가적인 기능은 최대한 배제하고, 먼지 흡입 기능에 초점을 맞춰 저가형 로봇 청소기를 기획했다. 소비자들의 기획을 바탕으로 핀둬둬는 생산 가능한 공장을 찾았고 필립스에 청소기를 납품하는 공장을 연결해 제품을 출시했다.[16] 결과는 당연히 폭발적이었다. 기성품에 결코 뒤지지 않는 우수한 품질에 가격 경쟁력까지 갖춘 덕분에 출시 즉시 엄청난 인기를 끌었다.

C2M의 사례는 국내에서도 이제 많이 찾아볼 수 있다. '단골공장'은 기술력은 뛰어나지만 기획과 마케팅이 상대적으로 부족한 중소 제조업체를 소비자와 연결한다. 단골공장이 먼저 소비자들

의 니즈가 있는 제품을 기획한 다음, 전국 곳곳에 숨어 있는 기술력을 겸비한 공장을 찾아 함께 제품을 만들고 크라우딩 펀딩을 통해 소비자들에게 판매하는 방식이다.

이렇게 출시해 큰 성공을 거둔 것이 '소창행주'다. 단골공장은 환경에 대한 소비자들의 관심이 높아지면서 천연 소재 행주를 찾는 소비자들의 니즈가 상당하다는 것을 파악하고 직물 공장을 찾아 천연 소재 행주를 만들자고 제안했다. 그렇게 기획된 소창행주는 장당 3900원이라는 적지 않은 가격에도 불구하고 크라우드 펀딩을 통해 준비한 물량 1800개를 모두 팔아치웠다. 이후에도 소비자들의 피드백을 적극 반영한 제품들을 연달아 기획·출시하면서 큰 성공을 거뒀다.

무언가를 만들고자 하는 창조 본능은 개인의 취향을 중요하게 생각하는 미래의 소비자들에게 더욱 뚜렷하게 나타날 것이다. 이제 소비자는 단순히 '반응'만 하지 않는다. 자신들의 의견이나 아이디어를 적극적으로 제품과 서비스에 반영하길 원한다. 그리고 기업들은 그것을 알기에 그 희망을 담아 생산 라인에 반영한다. 내가 팔기 전에 소비자가 무엇을 원하는지 알 수 있다면 세상에 실패할 기업이 있을까? 이것을 알기 위한 방법으로 많은 디지털 기술들이 사용되고 있다.

소비자와 유기적으로 소통하며 공존하길 원하는 기업, 오너십을 가지고 제품을 향유하기 원하는 소비자 사이에서 디지털은 좋은 매개체 역할을 한다. 서로의 사인에 반응하고 부응하는 것이야말로 디지털 트랜스포메이션이 추구하는 진정한 상호작용이다.

악몽에서 깨워주고, 독감은 사전에 차단하고

디지털 헬스케어

잠은 하루하루 삶의 질을 결정하는 중요한 요인이다. 전날 밤 악몽에 시달리며 밤새 식은땀을 흘렸다면 다음 날 컨디션은 불 보듯 뻔하다. 만약 내가 악몽을 꾸고 있는 동안 빨리 빠져나올 수 있게 누군가 깨워주면 어떨까. 이런 상상을 현실로 구현해낸 이들이 있다. 미국의 스타트업 '나이트웨어'다.

악몽을 꾸는 동안 우리 몸은 반응한다. 가령 심장 박동수가 빨라진다든지, 식은땀을 흘린다든지, 몸을 뒤척이기도 한다. 나이트웨어가 주목한 것이 바로 이와 같은 신체 움직임이다. 잠을 자는 동안 신체 반응에서 이상 신호를 감지할 수 있다면 악몽을 꾸는 사람을 깨울 수 있을 것이라 생각한 것이다.

나이트웨어는 평소와 다른 내 몸의 이상 신호를 알아챌 수 있는 소프트웨어를 개발했다. 이 서비스는 애플 워치와 같은 스마트 시계나 웨어러블 기기에 설치할 수 있다. 사용자가 웨어러블 기기를 차고 있으면 나이트웨어는 평소 사용자의 수면 패턴을 분석해 데이터로 저장해두었다가, 평소와 다른 수면 패턴이 나오면 그것을 인지하고 신호를 보낸다. 다시 말해 평균치에서 벗어나는 이상 현상이 감지될 경우 10초 간격으로 진동 알림을 보냄으로써 이용자를 악몽으로부터 구출하는 것이다. 진동의 세기는 잠을 깨우지 않고 악몽에서 벗어날 수 있는 수준으로 설정돼 있다.[17]

원래 의료용으로 개발된 나이트웨어는 외상 후 스트레스 장애(PTSD)에서 비롯된 수면 장애에 유의미한 효과가 있었다. 2021년 2월 미국의 경제 주간지 〈포브스〉의 보도에 따르면 나이트웨어의 임상 실험 참가자들을 대상으로 수면 패턴을 조사한 결과, 악몽의 빈도와 강도가 감소해 수면의 질이 개선됐음이 확인됐다.[18] 현재는 의사의 처방을 받아야 사용이 가능하지만, 나이트웨어가 상용화된다면 현대인의 고질병으로 손꼽히는 수면 장애가 상당히 개선될 것으로 기대된다.

더 건강하게, 더 오래 살고 싶은 것은 전 인류의 오랜 염원이다. 통계청에 따르면 2016년에 태어난 사람의 수명은 82세이지만, 건강 수명은 65세에 불과하다. 무려 17년을 아프게 살아야 한다는 의미다. 아프게 살기에 17년은 너무나 긴 시간이지 않은가. 이에 의료·건강 분야에서도 4차 산업기술을 접목해, 보다 건강하게 살도록 도와줄 도구들을 연구 중이다.

디지털 헬스케어 분야에서 디지털 전환의 움직임은 거세다. 2020년 국제전자제품박람회에서는 '디지털 치료체(digital therapeutics)'가 핵심 5대 키워드 중 하나로 선정됐고, 아마존, 마이크로소프트, 애플 등 세계적인 빅테크 기업들은 2018년부터 디지털 헬스케어 분야의 주요 기업들을 대상으로 인수 경쟁을 벌이며 새로운 산업 패러다임을 구축해왔다.

미래 먹거리 시장으로 헬스케어를 점찍은 이들의 예측은 현실화되고 있다. 전례 없는 팬데믹을 거치며 건강에 대한 관심이 더욱 높아지면서 시장 규모가 급성장하고 있다. 글로벌 마켓 인사이트에 따르면 전 세계 디지털 헬스케어 시장의 규모는 연평균 17%가량 성장하고 있고, 2020년 1419억 달러(175조 9560억 원)에서 2027년에는 4269억 달러(529조 3560억 원)로 7년 새 3배 넘게 성장할 전망이다.[19]

93 bpm
200
150
100
50
00:00
12:00
24:00
108
65
bpm

아마존은 온라인 약국 '필팩'을 인수해 '아마존 파머시'를 설립했다. 음성인식 기술 회사 '뉘앙스'를 인수한 마이크로소프트는 의사와 환자의 상담 내용을 자동 저장해 디지털로 개인의 헬스 데이터를 기록·관리할 수 있게 하는 서비스를 준비 중이다. 애플은 2019년 웨어러블 기기 전문 기업인 핏비트를 인수했다. 애플은 이를 애플 워치에 결합해 나이트웨어 같은 디지털 헬스케어 서비스를 확장하고 있다. 의료 산업에서도 디지털 기술의 발전과 함께 산업 간 경계의 붕괴, 즉 앞에서 말한 빅블러 현상이 뚜렷하게 나타나고 있는 것이다.

의료업계에서 디지털 전환에 더욱 가속도가 붙은 이유는 또 있다. 코로나19라는 전대미문의 팬데믹을 겪으면서 원격진료 같은 디지털 기술 기반의 적극적 의료 서비스의 수요가 급증한 것이다. 의료계나 법조계처럼 높은 전문성이 요구되는 서비스일수록 공급자와 수요자 모두 변화에 보수적인 성향을 띠지만 전례 없는 상황 속에서 의료업계가 비대면으로 빠르게 전환됐고, 이를 적극 수용하는 분위기가 형성된 것이다.

지금까지는 예방의 차원에서 디지털에 보수적으로 접근해왔다면 이제는 팬데믹 속에서 치료의 영역에까지 디지털 기술이 확장되고 있는 상황이다. 건강한 삶, 높은 삶의 질을 추구하는 사람들은 24시간 옆에서 나와 가족의 건강을 체크해주고 위험을 감지해 줄 전문가를 필요로 한다. 여기에 팬데믹을 지나며 비대면 치료에 대한 불안감이 많이 줄었다는 것도 긍정적인 신호다.

175개국에 진출한 세계 최대 원격진료 기업인 미국의 텔라닥은 원격진료의 대표주자로 손꼽힌다. 450여 개의 세부 전공, 5만 명 이상의 의사가 등록되어 있는 텔라닥은 365일 언제든 진료가 가능하다. 의료 과목도 일반 진료부터 피부과, 정신과, 소아과, 산부인과까지 다양하다.

환자가 앱을 통해 증상을 입력하면 채팅, 화상전화 등을 통해 의사와 연결해주고 진료를 받을 수 있다. 진료 후에는 의료진이 전자 건강 기록을 전문의에게 이관해 추후에도 관리를 받을 수 있게 한다. 코로나19로 인해 원격진료가 급부상하면서 텔라닥의 성장은 더욱 가파르게 치솟아, 총 가입자 수는 4300만 명이고 2021년 3분기 이용자만 390만 명에 달한다.[20]

중국도 원격진료에서는 상당히 앞서나가고 있다. 중국은 의사와 병원이 부족해 의료 서비스에 대한 만족도가 낮았다. 오랜 시간 기다려야 하는 환자들에게는 여간 불편한 것이 아니었다. 이에 중국 정부는 일찌감치 온라인 처방이 가능하게 규제를 풀었다. 그래서 등장한 것이 '핑안굿닥터'다.

핑안굿닥터는 진료부터 처방, 약 배달까지 가능한 플랫폼이다. 핑안굿닥터는 대학병원 수준의 협력 병원을 갖추고, 휴대전화 화상통화나 채팅을 통해 의사와 문진을 하고, 환자의 진료기록을 지속적으로 관리해나간다. 기다림 없이, 양질의 의료 서비스를 받을 수 있으니 이용자들의 만족도는 매우 높다. 2020년 연말 기준 등록 이용자가 3.7억 명을 넘었으니 중국인 10명 중 3명이 원격진료를 하고 있는 셈이다.[21]

그동안 의료 분야는 디지털 트랜스포메이션에 대해 가장 보수적이고 엄격한 분야 중 하나였다. 곳곳에서 여러 차례 시도가 있었지만 각종 규제와 대면 치료를 포기하지 않으려는 환자들의 저항으로 적극적으로 시행되지 못했다.

하지만 반대로 생각해보면 가장 정교한 수치와 데이터가 필요한 의료 분야에서 디지털 기술을 빼놓고 말한다는 게 어불성설이다. 인공지능, 사물인터넷, 빅데이터, 바이오 프린팅 등 진료와 치료에서 도움을 받을 수 있는 기술은 너무나 많다. 사물인터넷과 빅데이터가 결합된 체온계가 환자의 미세한 체온 변화를 감지해 건강상의 위험을 미리 파악할 수도 있고, 바이오 프린팅으로 제작한 인공장기가 난치병의 치료 및 연구에 도움을 줘서 신약 개발이 가능해질 수도 있다.

다행히 팬데믹 때문에 반강제적으로 원격진료를 경험한 사람들의 인식이 빠르게 바뀌고 있다. 변화의 흐름을 소비자들도 직감하고 있는 것이다. 단순한 비대면 진료를 넘어 빅데이터와 인공지능 기술을 결합한 개인 맞춤화 건강 관리와 진단키트 개발, 사물인터넷과 웨어러블 기술 등을 활용한 질병 예방과 이상 징후 발견, 상담 치료를 대신할 가상현실(VR) 치료 개발 등 디지털 기술과 의료가 융합된 디지털 헬스케어 산업은 앞으로의 성장이 더욱 기대되는 분야다.

"지금 사세요, 결제는 나중에 하셔도 됩니다"

페이 전쟁

미술 시장의 규모를 유의미하게 판단하는 아주 단순한 기준이 있다. 바로 1인당 GDP(국내총생산)다. GDP가 3만 달러(3720만 원) 이상은 되어야 예술 작품을 거래하는 미술 시장이 자생할 최소한의 조건이 성립한다. 이 기준으로 본다면 우리나라 미술 시장은 이제야 본격적으로 기지개를 켜기 시작했다.

미술 시장은 전형적인 가치 소비 시장이다. 먹고사는 것과는 완전히 무관하지만, 멋지고 근사하고 감동적인 것을 내 집, 내 생활 반경에 가까이 두고 싶은 마음, 명백하고 단순한 이 심리가 가져오는 소비 패턴의 변화는 실로 엄청나다.

인테리어 시장도 소비 패턴의 변화가 두드러진 곳 중 하나다. 규모 면에서는 아직 초창기이지만 미술 시장이 태동한데다, 코로나19로 인해 사람들이 집에 머무는 시간이 길어졌다는 표면적 이유까지 더해져 디자인 가구 시장의 수요가 폭발했다. 특히 명품 디자인 가구에 대한 소비자들의 욕구가 굉장히 강렬해졌다. 이 같은 트렌드를 파악하고 '한 달에 커피 한두 잔 값만 아껴도 세계 유명 디자이너의 최고급 명품 가구를 사용할 수 있다'면서[22] 빠르게 시장을 선점한 기업이 있다. 바로 명품 가구 판매 플랫폼 '로마드'다.

로마드는 사람들의 높아진 가치 소비 욕구를 충족시킬 만한 아이디어로 시장에 큰 파장을 일으켰다. 로마드는 하이엔드 가구 브랜드 시장에서 국내 최초로 '지금 사고 나중에 결제(BNPL, Buy Now Pay Later)'하는 서비스를 도입했다. 요즘 사람들이 행복과 만족을 미래로 미루지 않고 바로 지금 누리는 것에 착안했다. 이러한 새로운 소비가 삶의 패턴이 될 것임을 직감하고 이를 서비스 메커니즘에 과감히 접목시켰다.

큰돈이 있어야만 접근 가능했던 하이엔드 브랜드 시장으로의 진입 문턱이 낮아지자 곧바로 반응이 왔다. 로마드는 비교적 덜 부담스러운 비용으로 고가의 디자인 가구와 가전을 구매할 수 있는 서비스로 젊은 층을 중심으로 빠르게 성장했다.

CREDIT CARD

로마드가 시작한 BNPL 모델은 무엇일까. 언뜻 보면 신용카드 할부와 큰 차이가 느껴지지 않는다. 하지만 조금만 들여다보면 둘의 결정적 차이를 알 수 있다. 바로 BNPL 서비스에는 신용등급 제한과 별도 수수료가 없다는 점이다. BNPL은 업체가 소비자를 대신해 먼저 가맹점에 전체 대금을 지불하고, 이후 선결제된 금액을 소비자로부터 분할하여 납부받는 방식이다.

2021년 BNPL의 성장세가 유독 돋보였다. 특히나 BNPL은 소비 욕구는 강하지만 상대적으로 구매력이 약한 MZ세대에게 큰 반향을 일으키며 빠르게 성장하고 있다.

아마존은 2021년 8월 BNPL 서비스 기업 어펌과 제휴를 맺었다. 이후 아마존은 가전, 가구, 패션 제품을 50달러 이상 구매할 경우 BNPL 서비스를 이용할 수 있게 했다. 어펌은 신용도가 상대적으로 낮은 MZ세대들로부터 반향이 컸다. 아마존에 이어 월마트도 어펌과 제휴를 맺었다.

어펌 이용자의 47.8%가 MZ세대다. 신용도가 떨어져서 금융 서비스로부터 소외받고 있는 젊은 층이 이 서비스에 열광한 것으로 보인다. 틈새시장을 비집고 들어간 성과는 어마어마했다. 어펌의 2021년 1분기 매출액은 2억 3000만 달러(2852억 원)로 전년 동기

대비 67% 증가했다.[23]

유통업계의 화두는 단연 디지털 기술이 접목된 간편결제다. '페이 전쟁'이라 불릴 만큼 그 경쟁은 치열하다. 온라인 상거래가 급증하고, 모바일 금융 시장이 빠르게 확산된 덕분이다. 특히 비대면 온라인 쇼핑과 결제는 우리 생활의 일부가 된 지 오래다. 기업은 좋은 제품과 서비스는 물론, 결제까지 이어지는 모든 과정에서 소비에 방해가 되는 요소를 모두 제거해야 할 미션이 생긴 셈이다. 무엇이든 소비에 걸림돌이 되는 요소가 있다면, 사람들은 더 이상 그 불편을 감수하지 않을 테니 말이다. BNPL은 '내가 가진 적은 예산'이라는 진입 한계까지 낮춘 시스템 중 하나로 볼 수 있다.

우리나라는 2015년 삼성페이의 출범으로 간편결제 시장이 본격 시작되어 카카오페이, 네이버페이 등 정보통신기술(ICT) 기업이 시장을 주도하며 급성장했다. 현재는 신세계, 쿠팡, 롯데 등 거대 유통망을 거느린 리테일 기업들은 물론 전통 금융업인 카드사들까지 뛰어들었다. 여기에 자동차 제조사까지 가세해 차 안에서 주문 및 결제하는 '카페이'를 선보이고 있으니 그야말로 '페이 춘추전국시대'라 할 만하다.

기업들이 간편결제에 이토록 사활을 거는 이유는 명백하다. 간편결제 데이터야말로 가장 양질의 데이터이기 때문이다. 소비자의 거주지, 성별, 연령, 주요 쇼핑 품목, 주요 구매 시간, 자주 보는 콘텐츠까지 구매와 관련된 모든 정보가 간편결제 데이터에 누적돼 소비자의 구매 패턴을 구체적으로 파악하고 예측할 수 있게 한다.

또 한 가지는 바로 소비자를 플랫폼 안에 묶어두는 록인(lock-in) 효과다. 버튼 하나로 복잡한 결제가 끝나도록 간편하게 바꿔놓으면 편리함을 맛본 소비자가 이탈하기 쉽지 않다. 사고 싶은 마음이 들었을 때 바로 지갑을 열어 구매할 수 있게 돕는 것. 디지털 기술 덕분에 가능해진 것 중 하나다.

디지털로 미러링된 세상

디지털 트윈

요즘 흔히 하는 말 중에 '세계관'이라는 것이 있다. 세계를 근본적으로 인식하는 특정 방식이나 틀, 또는 관점을 이르는 말이지만 요즘에는 다양한 영역에서 일상적으로 사용하는 말이 되었다. 세계관이 극대화되어 표출되는 분야는 바로 콘텐츠, 그중에서도 영화와 드라마 산업이 아닐까 싶다.

가상 세계 안에서 다채롭게 펼쳐지는 세계관들은 대부분 상상의 영역에 머무는 경우가 많지만, 가끔 가까운 미래 혹은 현실이 되어 우리의 흥미를 자극하기도 한다. 전형적인 디스토피아 세계관을 담은 2005년 개봉작 〈아일랜드〉는 복제인간 기술이 고도로 발달한 먼 미래의 이야기를 다룬다.

지구는 극심한 오염으로 사람이 도저히 살 수 없는 환경이 되었고, 살아남은 사람들은 외부 세계와는 단절된 공간 안에서 철저히 통제된 생활을 한다. 이들의 꿈은 이 갇힌 공간에서 벗어나 오염되지 않은 환상의 섬 '아일랜드'로 가는 것. 빈틈없이 흘러가던 통제된 생활에 어느 날 미묘한 균열이 발생하고, 주인공 링컨 6-에코는 바깥 세상에 호기심을 품게 된다. 그리고 결국 그곳을 벗어나 사실은 자신이 복제인간이라는 충격적 진실을 맞이하게 된다. 이 같은 디스토피아적 상상력과 세계관은 이후로도 다양하게 변주되며 수많은 영화와 드라마의 소재로 등장했다.

이제 인간은 직접 가상 세계를 만든다. 영화 속의 설정처럼 복제인간이 현실에서 걸어 다니는 것은 아니지만 우리는 디지털 기술로 현실과 똑같은 세상을 가상 세계에 만들 수 있게 되었다. 마치 쌍둥이처럼 말이다.

세상을 복제할 수 있는 기술을 디지털 트윈(digital twin)이라고 한다. 디지털 트윈 기술이 쓰이는 분야는 제조, 유통, 물류, 건설, 의료 등 다양하다. 주로 규모가 크거나 높은 안정성이 요구되며 비용이 많이 발생하는 분야들이다.

예를 들어 의료 분야의 디지털 트윈은 임상실험에 획기적인 전환점을 마련해줄 기술로 손꼽힌다. 중증 환자나, 아직 생소한 질병에 대한 연구는 현실에서 쉽지 않은데, 디지털 트윈 기술을 접목하면 해당 환자나 질병의 치료에 대한 시뮬레이션이 가능해진다. 3D 프린팅 기술로 아예 환자와 똑같은 신체 조직을 만들어 여러 치료 방법을 반복적으로 실험해볼 수 있는 것이다. 이렇게 하면 치료와 예후의 불확실성을 대폭 낮출 수 있다.

실제 의료업계에서는 디지털 트윈 기술이 활용되고 있다. 폴란드의 야기에우워대학교 의과대학 산부인과 의료진은 디지털 트윈 기술로 태아의 심장을 만들어 의대생 교육과 훈련에 적용하고 있다. 신생아 100명 중 한 명 정도는 선천성 심장질환을 갖고 태어나는데, 치료법을 연구할 제반 환경은 턱없이 부족하고 제한적이다. 게다가 이 질환은 출생과 동시에 급박하게 치료가 진행되어야 하기에 빠른 판단과 고도의 기술이 필요하지만, 현실에서 의료진이 미리 그 상황을 경험하거나 시뮬레이션해볼 수 있는 기회는 별로 없다. 이때 디지털 트윈 환경이 이러한 제약을 극복하는 데 큰 도움을 준다.[24]

효율성을 특히 강조하는 제조업체가 혁신 방향으로 여기는 스마트 팩토리 또한 디지털 트윈 기술을 적극 활용한다. 스마트 팩토

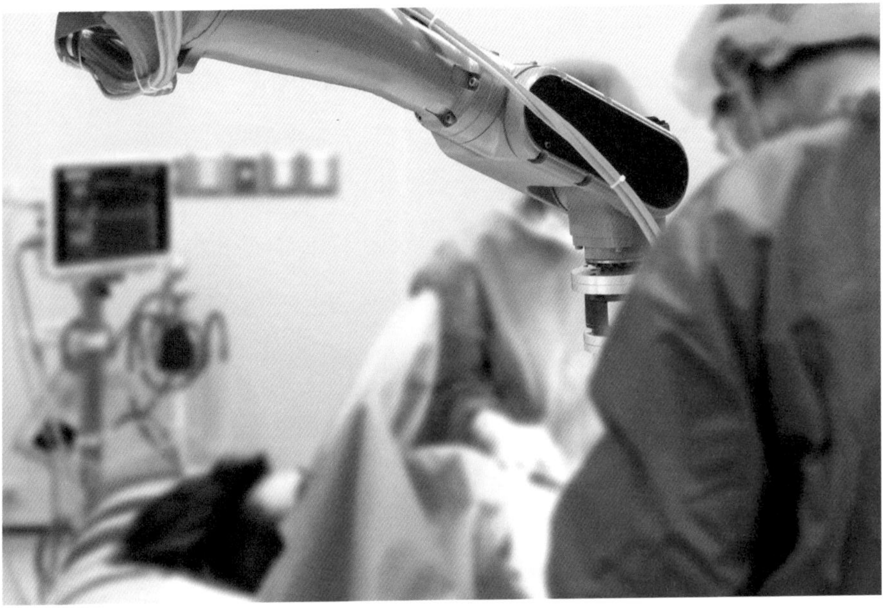

리는 설계, 개발, 제조, 유통 등 전체 생산 과정에 빅데이터, 디지털 자동화 솔루션을 접목해 생산성과 품질, 고객 만족도를 향상시키는 지능형 생산 공장이다. 기업은 막대한 비용이 예상되는 스마트 팩토리를 짓기 전에, 실제 공장을 똑같이 구현한 가상의 '디지털 트윈 공장'을 통해 제품 생산을 시뮬레이션하고, 실제 현장에서 발생할 만한 문제점과 돌발 상황들을 미리 예측·대비할 수 있다.

글로벌 물류 체인인 'DHL 서플라이체인'은 싱가포르에 디지털 트윈 기술이 적용된 물류창고를 세웠다. 사물인터넷 등 첨단 기술이 접목된 디지털 트윈 물류창고는 오프라인의 물류 설비를 완벽하게 재현함으로써 센서를 통해 실시간으로 물류 설비 데이터를 수집해 문제가 발생하면 즉시 알려주고, 품목의 크기, 수량, 위치 등을 파악해 최적의 의사결정을 돕는다.

막대한 자본과 인력이 투입되는 건설업계에도 디지털 트윈이 적용된다. 사물인터넷, 정보통신기술, 빅데이터, 로봇, 드론 등의 최첨단 기술이 결합된 '스마트 건설'은 안전, 비용, 인력, 시간의 효율을 극대화할 수 있는 혁신적인 방안으로 주목받고 있다. 쉽게 말해 실제 건물을 짓기 전에 디지털 트윈 기술로 미리 지어보는 것이다. 단순히 외형만 흉내 내는 것이 아니라 자재와 하중, 높이 등 건설에 필요한 중요한 정보들을 총체적으로 담아 가상이지만 실제와 마찬가지라 할 수 있다.

보다 안전한 곳에서 편리한 삶을 누리고 싶은 사람들의 욕망은 디지털 트윈 기술의 발달로 점점 현실화되어가고 있다. 가상 세계는 현실의 대체재가 아니라 인류의 삶을 좀 더 안전하고 편리하고 효율적인 방향으로 이끄는 디지털 유토피아의 무궁무진한 가능성을 지니고 있다.

디지털 트윈 기술은 비용이나 효율, 안전성 때문에 해결하지 못했던 인류의 수많은 문제들에 대해 더 나은 솔루션을 찾아준다. 에너지, 항공, 헬스케어, 건설, 국방 등의 분야에서 이 디지털 기술에 주목하고 현업에 접목하고 있는 이유다. 어느 곳에 어떻게 적용해 더 나은 해답을 찾을 수 있을지, 모두가 머리를 맞대고 고민을 시작해야 한다.

(2)

데이터로 라이프에 들어가라

데이터 × 라이프

NC다이노스의 우승 비결

데이터 리터러시

건강과 취미, 여가가 중요한 라이프스타일 키워드로 자리 잡은 지 오래다. 그중에서도 아주 오랫동안 사람들이 즐겨온 취미라고 하면 프로 스포츠 관람을 빼놓을 수 없다. 특히 프로야구는 전 국민의 사랑을 받는 한국의 대표 스포츠 중 하나다. 코로나19 여파로 한동안 '직관'이 어려워지면서 그 열기가 예전만 못하지만, 그럼에도 지난 2020년 가을 야구는 그 어느 때보다 주목을 받았다.

2020 프로야구 정규 시즌에서 NC다이노스가 우승 트로피를 차지했다. 창단 9년 만의 쾌거인데다 그 누구도 예상하지 못한 결과였다. NC다이노스는 2011년 창단 3년 만에 정규 시즌 3위로 포스

트 시즌에 진출하고 2015년과 2016년에는 2위를 차지할 만큼 저력을 인정받은 팀이었지만 2018년에는 최하위를 기록하며 극심한 기복을 보이기도 했다. 선수 전력과 전략을 재정비해야 한다는 강력한 요구도 뒤따랐다.

그러던 NC다이노스가 어떻게 2년 만에 꼴찌에서 1위로 거듭날 수 있었을까. 여기에는 '데이터 야구'라는 흥미로운 포인트가 있다.

NC다이노스 뒤에는 구단주 김택진으로 대표되는 IT 기업의 선두주자 엔씨소프트가 있다. 게임 회사로 유명한 엔씨소프트가 게임으로 하루에 축적하는 데이터는 12테라바이트. 1200만 권의 책과 맞먹는 방대한 분량이다. 엔씨소프트는 이렇게 쌓이는 데이터를 분석해 게임 성능을 업그레이드하고 서비스를 개선한다. 데이터 분석의 내공은 실로 엄청나다.

이렇게 쌓아온 데이터 분석력은 게임은 물론 데이터 분석이 필요한 분야라면 어디에서든 전천후로 활용할 수 있다. 선수의 피지컬과 역량, 코칭스태프의 팀 운용 능력 등에 절대적으로 의존하던 프로 스포츠에 데이터와 디지털을 접목한 것처럼 말이다. NC다이노스의 'D-라커' 프로그램은 데이터 기반의 기술력을 스포츠에 접목한 아주 좋은 예다.

D-라커는 2013년 엔씨소프트가 개발한 전력 분석 시스템이다. 여기에 NC다이노스 선수들의 경기 기록, 영상 자료 등의 데이터가 입력되면 인공지능이 분석해 유의미한 결과를 내놓는다. 선수들과 코칭스태프들은 언제 어디서든 스마트폰으로 간편하게 프로그램에 접속해 자신들의 전력을 객관적인 기록과 데이터로 확인하고, 이를 향상시키기 위한 전술을 고민할 수 있다.

이를테면 이런 식이다. 2019년 D-라커의 데이터 분석에 따르면 NC다이노스 팀의 땅볼 타구 비율이 지나치게 높은 것으로 나타났다. 타자들의 땅볼 기록 수가 10개 팀 중 1위였던 것이다. 이후 스태프와 선수들은 땅볼을 줄이기 위해 히팅 포인트를 앞에 두고 빠른 공에 집중하는 훈련을 했다.[1] 만약 데이터가 없었다면 이런 식의 맞춤 훈련은 불가능했을 것이다.

데이터 야구는 사실 미국 메이저리그에서는 이미 수십 년 전에 도입된 개념이다. 세이버매트릭스(sabermetrics)는 야구를 통계학적으로 분석하는 방법론으로, 경기 활동을 데이터화해 팀 전략 운용에 활용하는 대표적인 예다. 영화 〈머니볼〉로 알려진 오클랜드 애슬레틱스의 성공이 바로 세이버매트릭스를 활용한 사례다. 세이버매트릭스 이전에는 타율과 타점으로 좋은 타자를 선별했지만 세이버매트릭스 이후에는 타자가 베이스에 얼마나 많이 나가는가

를 보여주는 출루율과 장타율을 기반으로 선수들을 평가하기 시작했다. 결과는, 모두가 알고 있듯이 20연승을 기록하는 기적이었다.[2]

흔히 빅데이터를 '21세기 석유'라 부른다. 미래 시대에 산업 경쟁력과 기업의 생존을 좌우하는 가장 중요한 키워드가 바로 빅데이터이기 때문이다. 하지만 데이터 자체를 모으는 것만으로는 큰 의미가 없다. 그 어마어마한 양의 데이터를 어떻게 분석하고 어떻게 산업 현장에 접목하여 활용할 것인지에 대한 고민이 필요하다. 즉 이제는 '데이터 리터러시(data literacy)'의 시대다.

데이터를 수집하는 것도 중요하지만 원하는 성과를 내기 위해서는 데이터 리터러시의 역량이 절대적으로 중요하다. 같은 데이터를 가지고도 그 안에서 무엇을 읽어내고 어떤 내용을 취할 것인지, 최종적으로 이를 어떻게 활용할 것인지가 기업의 핵심 역량이고, 생존 경쟁력이다.

빅데이터는 더 이상 특정 대기업의 전유물이 아니다. 구글 트렌드에서는 24시간 동안 트래픽이 크게 증가한 검색어를 실시간으로 확인할 수 있고, 구글 알고리즘에 감지된 정보, 뉴스 등이 무엇인지 한눈에 파악할 수 있다. 네이버도 네이버 데이터랩을 통해 빅데이터를 제공한다. 지금 소비자들이 어떤 키워드에 열광하는지, 어떤 것들을 검색하고 찾아보는지 손쉽게 알 수 있다.

구글의 수석 이코노미스트 할 베리안(Hal Varian)은 "데이터 리터러시 역량은 누가 어떤 비즈니스에 종사하든 관계없이 앞으로 10년간 가장 중요한 비즈니스 능력"이라고 말한다. 그의 말에 지금 당장 우리에게 무엇이 필요한지 힌트가 들어 있다.

은행이 배달앱을 하는 진짜 이유

밸류업

단 하루만이라도 '배달'이 없는 삶을 상상해본 적 있는가. 언젠가부터 24시간, 우리는 배달로 점철된 배달의 시대를 살고 있다. 시장의 폭발하는 수요를 증명하듯, 날로 급증하는 배달료와 라이더들의 예상 밖 고수익이 연이어 화제가 되기도 한다.

비슷비슷한 서비스 앱들이 치열한 각축전을 벌이는 배달업계에 새로 출사표를 던진 기업이 있다. 바로 신한은행이다.

신한은행은 2021년 12월 금융권 최초로 음식 주문 중개 플랫폼 진출을 선언하며 배달앱 '땡겨요' 베타 서비스를 오픈했다. '은행에서 웬 배달앱?'이라는 의문이 자연스럽게 들 것이다. 하지만 그

보다 더 놀라운 건 파격적인 운영 조건이다. 가맹점의 입점 수수료와 광고비는 일절 받지 않고, 중개 수수료 또한 업계 최저 수준인 2%를 적용했다. 가맹점의 부담을 최소화하며 차별화를 꾀하고 있는 것이다. 이것이 '소상공인을 위한 상생 배달앱'이라는 캐치프레이즈를 내건 이유이기도 하다.

신한은행의 배달앱 출시는 디지털에 진심인 신한금융그룹 덕분이다. 지난 2015년부터 신한금융그룹은 해마다 유망 스타트업을 발굴하고 육성하는 사업을 하고 있다. '신한 퓨처스랩'은 가상현실, 증강현실, 메타버스, 인공지능, 프롭테크(prop-tech), ESG 등 다양한 영역에서 혁신적인 기술과 서비스를 보유한 스타트업을 발굴해 육성하는 엑셀러레이팅 프로그램이다. 배달앱 땡겨요도 바로 신한 퓨처스랩에서 시작되었다. 신한 퓨처스랩은 배달 스타트업 '미식의 시대'를 육성 기업으로 선정해 함께 배달앱을 준비해왔고, 땡겨요라는 앱까지 출시하게 된 것이다.

땡겨요는 인공지능 미식 큐레이터를 활용한 미식 정보 플랫폼이다. 사용자가 자신의 맛 취향과 선호하는 매장 성향 등을 정보값으로 입력하면 앱에 내장된 인공지능 미식 큐레이터가 해당 이용자가 좋아할 만한 음식과 매장 리스트를 보여준다. 기존 배달앱들이 수많은 가맹점들을 단순히 카테고리화하고, 광고와 추천 점수

FOOD
DELIVERY

순으로 우후죽순 노출한 것과는 차별화된 구성이다.

소상공인을 위한 상생 배달앱이라는 캐치프레이즈를 내건 것처럼 가맹점 수수료를 0원으로 한 것 또한 땡겨요의 특징 중 하나다. 실제 수수료가 발생하기는 하지만 이를 점주 명의의 증권 계좌로 전액 캐시백해주는 것으로 돌파구를 찾았다. 인공지능 큐레이팅 기술로 소비자들에게는 맞춤 정보를, 가맹점에는 투자 기능을 결합한 배달 중개 앱으로서 성장과 상생의 가능성을 제안한 전혀 다른 형태의 배달앱인 셈이다.

신한은행은 수많은 선택지 중에 왜 배달앱을 선택했을까? 단순하게 생각해보면 수수료를 통한 수익성 확보나 골목 시장 진출을 위한 새로운 활로 개척쯤으로 추측할 수 있지만, 진짜 이유는 따로 있다. 바로 앱을 통해 양질의 비금융 데이터를 확보하기 위해서다.

신한은행은 배달앱 운영을 통해 다양한 양질의 데이터를 확보할 수 있다. 그동안 불투명했던 소상공인의 매출 정보 등을 대략적이나마 파악할 수 있게 된다. 지역별로는 얼마만큼 차이가 나는지, 어느 시간대에 매출이 많은지까지도 데이터만 있으면 한눈에 알 수 있다. 이는 자연스럽게 고객 마케팅으로 이어질 수 있다. 지역별, 시간별 맞춤형 할인과 쿠폰 서비스가 가능해지고, 언제 광고를 노출하는 것이 효과적인지도 파악할 수 있다.

또한 앱을 통해 확보한 데이터를 활용해 고정수입이 불안정한 자영업자 금융 고객들을 대상으로 대안적 신용평가 역량을 강화할 수 있다. 예를 들어 A음식점 대표가 사업 확장을 위해 신한은행에 대출을 받으려는 상황을 상상해보자. 은행은 고객의 신용도에 따라 대출 한도와 이자를 산정하게 되는데, 자영업자의 경우 이 과정이 쉽지 않다. 자영업의 경우 수입 편차가 심하고, 미래 예측에 리스크가 있는 만큼 좀 더 가변적인 수치들로 신용도를 파악해야 하기 때문이다. 고정수입 증빙이 어려운 자영업자를 대상으로 신용도를 확인하는 가장 확실한 방법은 매장 운영 수익이다. 그런데 단순히 고객이 제출한 자료 또는 설명만으로는 그 매장이 얼마나 운영이 잘되는지, 그래서 지속 가능성이 충분한지 등을 파악하기가 쉽지 않다. 대출을 받으려는 고객 역시 본인이 운영하는 매장의 신용도를 증빙할 자료가 무척 제한적이다.

이럴 때 필요한 것이 빅데이터다. 땡겨요 앱에 누적된 음식점의 매출 데이터, 점주와 고객 간의 소통 기록, 음식점 운영 기간 등은 단순히 매출 기록에서는 파악하기 힘든 다양한 부가 요소를 한눈에 파악하게 도와준다. 은행 입장에서는 대출에 따른 리스크를 최소화하고, 고객 입장에서는 필요한 자금을 저비용으로 조달할 수 있는 기반이 되는 것이다.

이와 동시에 신한은행은 소상공인과 라이더를 대상으로 '선정산 금융 상품'도 준비 중이다. 기존 배달앱은 수수료를 정산하기까지 일정 기간이 소요되는데, 이렇게 돈이 묶여 있는 기간을 최대한 줄이는 것에 초점을 둔 상품이 바로 선정산 금융 상품이다. 또한 신용평가에서 불이익을 받는 소상공인과 라이더를 대상으로 한 매출과 수익 통계 기반의 대출 상품도 출시 예정이다.[3]

기업의 밸류업을 위해 데이터가 활용되고 있다. 그렇다고 무조건 많은 데이터를 확보하는 데만 몰두해서는 안 된다. 신한은행의 사례처럼 금융업이 지향하는 핵심 가치를 끌어올려주고 보완해줄 양질의 데이터를 쌓는 것이 시급하다.

기업 워크숍을 하다 보면 기업들이 빅데이터를 다루면서 가장 많이 저지르는 오류가 눈에 들어온다. 그중 하나가 바로 불필요한 정보를 무조건 쌓아두는 데만 급급하다는 것이다. 그렇게 모인 정보들은 오류가 많은데다 체계적이지 않아 결정적인 순간에 활용하기 어렵다.

빅데이터의 시작은 '정보를 모으자'가 아니라 '우리에게 지금 필요한 데이터는 무엇인가' 고민하는 것이다. 어떤 정보가 고객 확보에 도움이 되고, 어떤 정보가 고객의 니즈를 파악하는 데 유용한지부터 고민해야 한다. 새로운 가치를 만들지 못하는 빅데이터는 그저 문자일 뿐이다. 문자를 꿰어 문장을 만들고, 문단을 이어 하나의 글을 완성하는 것처럼 우리 기업이 지향하는 하나의 완성된 글을 만들어줄 문자들이 필요하다.

21세기 최고의 섹시한 직업, 데이터 사이언티스트

예측성

미래를 알고 싶어 하는 것은 어찌 보면 인간의 본능이다. 인간은 본능적으로 안정을 추구하기 때문에 불확실한 것을 예측해 대비하고 싶어 한다. 역사적으로 점성술이 발달하고 종교가 확산될 수 있었던 것도 다 미래에 대한 인류의 불안감 덕분이라고 해도 과언이 아니다.

미래에 대해 조금의 힌트라도 얻기 위해, 불안감을 잠재우기 위해 사람들은 끊임없이 미래를 예측한다. 그리고 기업은 성공과 도약을 위해, 가능하면 모든 불확실성과 불안을 잠재우기 위해 미래를 알고 싶어 한다. 보다 객관적이고 과학적인 수치와 데이터를 통해서 말이다.

2012년 〈하버드 비즈니스 리뷰〉는 데이터 사이언티스트(data scientist)를 '21세기 최고의 섹시한 직업(the sexist job of the 21st century)'으로 꼽았다. 당시만 해도 하나의 직업군으로 제대로 존재하지도 않았던 직업이었다.

〈하버드 비즈니스 리뷰〉의 예측은 정확히 들어맞았다. 불과 몇 년이 지나지 않아 데이터 사이언티스트는 세계 최대의 직장 평가 사이트인 글래스도어에서 발표한 '미국 최고의 직업 50'에 3년 연속 1위로 뽑혔다.[4] 이름도 없던 직업이 불과 몇 년 만에 최고로 각광받는 직업이 된 것이다. 빅데이터의 중요성과 활용도가 높아지면서 이를 정확한 근거와 로직을 가지고 다룰 수 있는 데이터 과학자의 수요가 커진 결과다.

데이터 사이언티스트는 한마디로 데이터를 잘 다루는 사람이다. 데이터를 다각적으로 분석해 조직에, 기업에 방향을 제시하는 기획자이자 전략가다.

빅데이터는 디지털 환경에서 만들어진다. 숫자나 문자, 이미지와 영상 등 정형화된 데이터는 물론, 메타 정보와 센서 데이터, 공정 제어 데이터 등 기존에는 활용하지 못했던 비정형화된 데이터까지 초 단위로 생성돼 그 양이 방대하다.

디지털 세상에 완벽하게 적응한 소비자들의 디지털 활동 영역이 넓어질수록 처리해야 하는 정보의 양도 방대해졌다. 개인의 어마어마한 검색량과 위치 정보. 각각의 정보는 여러 형태로 재생산되고 여기에 추가로 개인의 이용 패턴과 성향, 그리고 의견들까지 더하면 다양한 옵션이 달린 정보가 기하급수적으로 늘어난다. 그 엄청난 양을 감안하면 빅데이터라는 개념도 어딘가 작게 느껴질 정도다.

데이터 사이언티스트는 이처럼 불규칙하게 흩어진 데이터를 수집하고, 분류하고, 분석해서 통찰을 이끌어내고 필요한 예측 수치를 제시한다. 그러기 위해서는 프로그래밍, 데이터 분석, 제품 이해력, 커뮤니케이션 스킬, 팀워크 등 여러 영역에 걸친 높은 역량이 두루 요구된다. 이 모든 것이 단기간에 습득되는 역량이 아닌 만큼 인력 공급은 턱없이 부족한 상황이다. 전문적인 데이터 사이언티스트를 양성하는 교육기관이 빠르게 늘고 미래 커리어를 데이터 사이언티스트로 설계하는 사람도 늘었지만 현재 시장에서 급증한 인력 수요를 감당하기에는 아직 턱없이 부족하다.

미래에셋대우는 증권업계 최초로 데이터 사이언티스트로 구성된 빅데이터 전담 조직을 만들었다. 그 어느 시장보다 불확실하고 예측과 전망이 중요한 필드에서 데이터 분석이 절실했기 때문일 것이다. 그리고 2020년 빅데이터와 인공지능을 활용한 '개인화 상품 추천 서비스'를 출시했다.

이 서비스는 디지털 데이터로 쌓인 고객의 관심 분야와 투자 성향을 분석해 그에 맞는 상품을 제안한다. 국내외 주식, 펀드, 연금, ETF 등 다양한 자산군으로 구성된 상품을 제안함으로써 투자자가 원하는 정보를 보다 쉽고 빠르게 전달하고 효율적인 투자를 돕는다.

서비스가 출시된 뒤 투자자들의 반응도 뜨거웠다. 정보 불균형이 가장 심한 금융업에서 실시간 데이터와 인공지능 기반의 맞춤 투자 정보를 제공해준다는 것은 투자자로서 굉장히 매력적인 일이었다. 서비스가 제공되는 'm.Club'의 가입자 수는 2019년 12월 20만 명에서 2020년 12월 50만 명으로 증가했다. 불과 1년 만에 가입자 수가 30만 명 급증하며 2.5배 규모로 성장한 것이다.[5]

m.Club은 가입자만 늘어난 것이 아니라 투자자들의 활용도도 높은 것으로 나타났다. 그중에서 가장 인기 있는 콘텐츠는 '초고수의 선택'. 초고수의 선택은 미래에셋대우 투자자 중에서 투자수익률이 상위 1%인 고객들의 매매 종목을 실시간으로 제공하는 서비

스다. 언론, SNS, 투자 강의 등을 통해 자신의 수익률을 자랑하며 투자 종목을 추천해주는 사람들은 많지만 실제로 그들이 투자를 했는지는 알 수 없다. 하지만 초고수의 선택은 그 사람이 누구인지는 모르지만 실제로 높은 수익률을 내고 있는 사람의 투자 종목을 보여준다. 투자자들에게는 굉장한 정보다.[6]

이러한 정보는 증권사의 빅데이터가 아니면 알 수 없다. m.Club은 바로 그 희소성을 고객들에게 오픈함으로써 기업과 개인 사이의 정보 불균형을 크게 개선했다. 모두가 궁금해할 법한 내용을 데이터화하고, 기술의 도움으로 이를 차별 없이 제공함으로써 진짜 '가치 있는 정보'를 만들어내는 것이다. 디지털 환경에서 필요한 데이터 사이언티스트의 역할을 아주 잘 보여주는 사례다.

당장 내가 맡고 있는 업무와 크게 연관성이 없으니까, 혹은 우리 회사는 IT 기업이 아니니까 등의 이유로 이러한 이야기가 나와 무관하다고 생각한다면 오산이다. 화학 산업 기업인 미국 다우케미칼은 인력 관리에 어려움을 겪다가 임직원 4만 명의 입사-승진-퇴직까지의 데이터를 분석해 외부의 환경 변화에 기민하게 대처할 효율적인 인력 운영 방안을 만들었다. 이처럼 빅데이터는 소비자를 상대하는 영역뿐만 아니라 조직 운용, 인력 배치, 예산 활용,

근무 환경 개선 등 경영 효율과 근무 만족도 개선에도 큰 힘을 발휘하고 있다.

금융 회사인 현대카드는 일찌감치 '디지털 회사'를 표방하며 다양한 시도를 해왔다. 디지털 회사로의 전환을 꾀하면서 가장 중요하게 추진한 것이 바로 디지털 사이언스 역량 강화다. 빅데이터는 물론 인공지능, 블록체인 등 신기술과 관련된 다양한 분야의 디지털 인력을 확충해 각 분야의 역량을 끌어 올리고, 이를 기반으로 정체 중인 카드 산업에 새로운 활로를 찾고 있다. 그중 눈에 띄는 것이 '초맞춤형(super customization)' 서비스의 구현이다. 카드마다 제공되는 기존의 혜택 외에 고객별 결제 데이터를 분석해 개인에게 좀 더 유용한 정보를 전달하고, 이에 맞는 혜택을 제공하는 것이다. 한 발 더 나아가 '소비케어 by Personetics' 서비스는 카드 결제 데이터를 바탕으로 개인의 소비 패턴을 다각적으로 분석해 준다. 단순한 결제 수단을 넘어 개인의 합리적인 소비 생활을 돕는 도구인 셈이다.

이 모든 것이 바로 데이터의 힘이다. 비용 절감, 가격 경쟁 같은 오래되고 낡은 경영 철칙이나 시장 패턴은 더 이상 유효하지 않다. 눈앞에 쌓인 데이터야말로 가장 정확하고 객관적인, 무엇보다 선택의 오류와 실패의 확률을 효과적으로 줄여주는 가장 믿을 만한 근거가 됐다.

IT 기업에만 해당되는 이야기가 아님을 명심하라. 제조, 의료, 금융, 유통 등 모든 산업군에서 지금 벌어지고 있는 일들이다.

"당신은 지금 이 영화가 보고 싶으시군요"

추천 알고리즘

하나의 라이프스타일 문화로 자리 잡은 OTT(인터넷을 통해 방송 프로그램, 영화 등 미디어 콘텐츠를 제공하는 서비스) 플랫폼의 홍수 속에서 누구나 한 번쯤 선택의 피로를 느껴봤을 것이다. "넷플릭스에서 뭘 볼지 한 시간 동안 고르다가 잠들었다"는 우스갯소리가 들릴 정도다.

콘텐츠 공유 환경이 제한적일 때는 다량의 콘텐츠를 하나의 채널에서 통합 제공하는 것만으로도 획기적인 발상이었다. 하지만 담고 있는 콘텐츠는 다를지 몰라도 외형이 비슷한 플랫폼이 여럿 생겨나자 그것 역시 식상함을 준다. 소비자들은 이제 그것만으로 만족하지 않는다. 방대한 선택지 대신 내 취향에 맞는 콘텐츠를 적정하게 큐레이션해 내가 원하는 것을 알아서 추천해주는 환경을 원한다.

OTT 춘추전국시대, 버튼 한 번 눌러서 플랫폼을 자유자재로 오가는 소비자들의 발길을 붙들기 위해 '추천 알고리즘'은 더더욱 진화하고 있다. 이용자 환경을 고도화하고 추천 정확도를 높이기 위해 각 기업이 총력을 기울이는 것은 이미 잘 알려진 사실이다.

전 세계 2억 명이 넘는 가입자를 보유하고 있고, 국내에서 가장 영향력 있는 넷플릭스는 영화 추천 알고리즘인 시네매치를 기반으로 영화를 큐레이션한다. 지금껏 장르로만 구분되던 영화를, 주제, 분위기, 스토리 라인 등으로 나누어 8만 개의 분야로 세분화한다. 일종의 해시태그 개념으로 이해하면 쉽다. 각각의 영화들은 해당 작품에 맞는 메타데이터를 태그하고 이를 통해 분류된다. 메타데이터란 다른 데이터를 설명해주는 데이터로 콘텐츠의 생산자, 위치, 내용 등의 정보를 담고 있다.

이런 메타데이터를 기반으로 분류된 콘텐츠들은 이용자의 취향에 맞게 추천된다. 이용자와의 매칭에도 데이터가 기반이 되어 구독자가 시청 중에 멈춘 지점, 평점, 사용 기기 등 개인별 시청 패턴

에 맞춘 큐레이션 화면을 보여준다.[7]

여기서 더 나아가 넷플릭스는 자사의 오리지널 콘텐츠를 만드는 데도 빅데이터를 십분 활용한다. 일방적으로 '우리가 만든 재미있는 콘텐츠들을 보라'고 제안하는 것이 아니라 이용자들의 콘텐츠 이용 기록을 분석해 대중의 기호에 맞는 콘텐츠를 기획·제작하는 것이다.

그렇게 탄생한 작품이 드라마 〈하우스 오브 카드〉와 〈오렌지 이즈 더 뉴 블랙〉 등이다. 영국 BBC에서 1990년에 방영한 드라마를 리메이크한 〈하우스 오브 카드〉는 넷플릭스 오리지널 시리즈 중 가장 큰 성공을 거둔 작품으로 손꼽히고, 범죄 코미디 드라마 〈오렌지 이즈 더 뉴 블랙〉은 넷플릭스에서 가장 많은 조회수를 기록했다.

비슷한 전략으로 세계 1위를 장악한 기업은 또 있다. 음악 스트리밍 서비스 스포티파이는 애초에 '무슨 음악이 듣고 싶어?'라는 질문 대신 '이 음악 어때?'라는 시각에서 출발해 큰 반향을 일으켰다. 스포티파이를 통해 "나도 몰랐던 내 취향의 음악을 찾았다"는 말이 들리는 것도 그 때문이다.

스포티파이는 우선 전 세계에서 생산되는 모든 음원 데이터를 기반으로, 각 이용자가 어떤 음악을 좋아하는지 파악한다. 스포

My List
REPLY
Emotional TV Dramas
Top 10 in Thailand Today
ASHES OF LOVE
ETERNAL LOVE

티파이의 인공지능은 전 세계 음악을 모두 수집한 다음 장르, 작곡가, 보컬, 악기, 코드, 박자 등 음악을 이루는 모든 요소를 상세히 분석한다. 각국의 방송 채널에서 특정 시기에 많이 재생되는 음악 리스트도 파악한다. 동시에 이용자의 주요 플레이리스트를 분석해, 어떤 음악을 자주 검색하고 플레이하는지, 어떤 음악에 금방 싫증을 내는지, 어느 시간대에 주로 음악을 듣는지 등의 데이터를 수집한다. 한쪽에는 음원 빅데이터를, 다른 한쪽에는 사용자 빅데이터를 두고 개인의 취향, 위치, 계절, 시간, 패턴, 기분에 맞는 음악을 골라주는 것이다.

만약 당신이 조깅을 하면서 서비스를 이용한다면, 스포티파이는 스마트폰의 움직임 센서로 당신의 걸음 속도와 심박수를 분석하고 그에 딱 어울리는 비트의 음악을 골라줄 것이다. 당신이 사무실에서 일을 하고 있다면 무언가에 집중할 수 있는 음악을 골라줄 것이다. 이와 같은 추천 알고리즘 덕분에 전 세계 음원 스트리밍 서비스의 유료 구독자 약 5억 2390만 명 가운데 1억 6240만 명이 스포티파이를 쓰고 있다. 전 세계 음원 스트리밍 서비스 시장의 31%를 점유한 셈이다. 2위인 애플 뮤직이 7860만 명의 구독자를 확보하여 15%의 시장점유율을 보이는 것을 감안하면 스포티파이는 압도적인 우위를 점하고 있는 것이다.[8]

추천 알고리즘은 마케팅에도 적용된다. 어떤 제품을 검색했을 때, 그 아래에 비슷한 유형의 제품이 뜨는 것을 본 경험은 누구에게나 있을 것이다. 하나의 제품을 검색하면 비슷한 분류의 제품을 추가로 추천해주거나, 혹은 개별 이용자와 성향이 비슷한 또 다른 이용자의 구입 목록을 제안해주기도 한다. '이 로션을 구매한 사람이 같이 살펴본 제품', '이 식품을 산 사람이 같이 구매한 제품'처럼 소비 패턴과 취향을 고려한 추천까지 가능해진 것이다.

이는 비슷한 목록을 검색하고 구매한 사람들의 패턴을 유형화한 마케팅 전략으로 '협업 필터링'이라고도 한다. 즉 개인 이용자(A)와 닮은 또 다른 고객(B)을 찾아내 'B는 구매했지만 아직 A는 구매하지 않은 상품'을 추천하는 식이다. 이는 새로운 제품에 대한 추천 기능도 있지만 불필요한 정보를 필터링하는 효과도 크다. 추천 알고리즘의 정밀도를 높이기 위해 상품 및 서비스 평가 항목을 도입한 사례도 급증하고 있다.

이처럼 어떤 구조로 세팅하고 활용하느냐에 따라 빅데이터의 활용도는 무궁무진하다. 이제 데이터는 필요한 정보를 단순히 제공해주는 기능을 넘어 그 자체로 새로운 시장을 형성하고 수익을 창출한다. 빅데이터를 '21세기 석유'라 부르는 이유다.

모든 것이 다 데이터가 되는 세상

맛과 움직임

와인 경매에서 한 병에 무려 1억 3000만 원에 낙찰된 디켐 1811을 비롯해, 루이비통 등 세계 최고의 명품 브랜드를 보유한 패션 기업 LVMH의 베르나르 아르노 회장이 사랑하는 슈발 블랑 1947, 왕가와 재벌가는 물론 수많은 국가에서 국빈용 와인으로 대접하는 무통 로쉴드 1982, 경매 회사 크리스티가 2019년 우주로 보내 14개월간 국제우주정거장에서 무중력 상태로 숙성돼 돌아온 페트뤼스 2000까지. 와인에 조금이라도 관심이 있는 사람이라면 한 번쯤 들어봤을 만한 리스트다.

전 세계 와인 애호가들의 사랑을 받고 있는 이 와인들은 각각

유명인들에게 사랑받고 독특한 이력을 가졌다는 공통점 외에 또 다른 공통점이 있다. 바로 현존하는 가장 영향력 있는 와인 평론가, 와인 황제로 불리는 로버트 파커가 100점 만점의 평점을 준 와인들이라는 점이다.[9]

로버트 파커는 그의 팀과 함께 사전 정보 없이 블라인드 테스팅을 통해 와인에 점수를 매긴다. 색, 향기, 맛, 여운, 밸런스, 숙성 잠재력 등의 점수를 매기고 종합적으로 와인의 완성도를 평가하는 식이다. 그는 과거 유럽의 와인 평론가들이 20점 만점으로 평가하던 방식을 획기적으로 바꾸며, 소비자들이 좀 더 직관적이고 빠르게 와인에 대한 평가를 인지할 수 있게 했다.

로버트 파커는 다른 와인 평론가들과 달리 '1984년 보르도 빈티지는 완성도가 매우 뛰어나 세계적인 빈티지가 될 것'이라고 예측하며 이름을 알렸다. 이후에도 뛰어난 혀끝 감각과 날카로운 판단으로 그의 평가 점수가 곧 판매로 이어지는 명성을 얻게 됐다. 로버트 파커에게 100점을 받았다면 그 와인은 곧 명품의 반열에 올라서고, 애호가들 사이에서 비싼 가격에 거래되기 시작한다.

하지만 유명 평론가의 주관적인 평가만으로 와인의 가치가 매겨지는 것에 대한 의문도 여전하다. 실제로 로버트 파커에게 100점을 받기 위해 그가 점수를 잘 주는, 과일향이 진한 와인을 만드

는 경향을 비꼬아 파커라이제이션이라는 말이 나왔을 정도다.

정말 그의 맛 평가가 절대적일까? 파커의 평가에 반대하는 이들은 파커가 매긴 점수를 와인에 표기했을 때와 그렇지 않았을 때 판매량이 달라진다는 점에 주목하고 실험을 실시했다. 파커가 80점을 준 와인을 LA의 한 보틀 숍에서 판매한 결과, 점수를 표기했을 때는 10명 중 1명만 그 와인을 골랐지만 점수 표기를 뺐을 때는 10명 중 5명이 그 와인을 골랐다.

와인의 초기 상태를 맛보고 그 와인이 충분히 숙성했을 때의 맛을 예측하고 추정해서 평가하는 기존의 평론가 방식에는 개인의 취향과 성향, 의견이 개입될 수밖에 없다. 알다시피 '맛'이라는 것은 굉장히 주관적인 영역이라 일부의 의견이 호도되거나 혹은 고도로 훈련된 전문가의 의견이 무시되기도 한다. 이러한 특성 때문에 영영 객관적인 판단은 불가능한 영역으로 여겨진 것도 사실이다.

프린스턴대학교 출신의 경제학자 올리 아센펠터(Orley Ashenfelter) 교수는 이런 와인 평가에 반기를 들고 빅데이터 분석을 통해 보다 객관적으로 와인 품질을 평가하는 공식을 만들어냈다. 와인 애호가를 자처하는 그는 프랑스 보르도 지역에서 레드 와인을 다량으로 구매한 적이 있다. 높은 가격만큼 좋은 맛과 가치를 기대했지만 기대는 실망이 될 때도 있었다. 이에 아센펠터는 같은 돈을 지불하고 구매한 와인의 품질이 왜 이렇게 제각각인지 의문을 품고 와인 생산 과정을 보다 자세히 들여다보기 시작했다.

그 결과 와인의 맛을 좌우하는 가장 큰 변수는 포도가 성장하는 시기의 날씨라는 사실을 알게 됐다. 그는 수십 년치에 달하는 프랑스 보르도 지방의 날씨를 분석해 겨울과 포도 수확기의 강수량, 여름철의 평균 기온 등 데이터를 축적했다. 그리고 '전년도 겨울에 눈이 많이 내리고 여름에는 더울수록, 포도를 수확하는 해에 비가 적게 내릴수록 와인의 품질이 높아진다는 것을 발견하고 이를 수치화했다.[10] 아센펠터 교수의 와인 품질 공식은 우리가 객관적인 데이터화가 불가능하다고 여겼던 영역을 수치로 예측한 대표적인 솔루션으로 손꼽힌다.

미국의 스타트업 덴시티는 오프라인 공간에 적외선 센서를 부착해 공간 안에서 생성되는 데이터를 수집한다. 공간 내 소비자의 동선과 활동을 전부 수치화해 수집하는 것이다. 얼마나 많은 사람이 해당 공간에 드나드는지, 그들이 얼마 동안 공간에 머무는지, 그들의 동선은 어떤 패턴인지 등을 모두 계량화하고 수치화한다.

이렇게 모은 데이터는 고객 분석과 공간 점유율 파악에 활용된다. 가령 카페를 예로 들면, 어느 시간대에 고객이 가장 많이 방문하는지, 그들이 카페에 얼마나 머물다 가는지를 파악해 운영 방식과 서비스에 반영하는 식이다. 이는 공간 설계와 비용 절감, 인력 채용 등에 결정적 영향을 끼친다.

이러한 데이터 분석은 사용되지 않는 회의실이나 가구, 손님이 찾지 않는 매대, 비어 있는 테이블을 파악하는 것은 물론, 대형 공간은 어떤 영역의 사용 빈도가 높은지를 파악하고 그를 중심으로 효율적인 시설 유지 보수를 가능하게 한다. 지금처럼 사회적 거리두기가 일상이 된 시점에는 사용자별 거리와 위치별 체류 시간, 자주 이용되는 통로 등을 파악해 안전한 공간 이용 가이드를 제시할 수도 있다. 빅데이터가 단순히 온라인 세계에만 머무르는 개념이 아니라는 것을 보여주는 단적인 예라 할 수 있다.

서울시 서초구는 2022년 범죄 발생 가능성이 높은 지역을 빅데이터로 예측해 시간대별로 집중 감시하는 '예측범죄지도(Predictive Crime Map) 시스템'을 전국 최초로 도입해 화제가 됐다. 최근 3년간 서초구 내에서 발생한 3만 2656건에 달하는 사건 사고의 CCTV 빅데이터를 분석해 발생 일시, 장소, 사건 유형별로 분류한 다음 범죄 발생 가능성이 높은 지역을 미리 예측함으로써 집중적으로 관리했던 것이다. 범죄 사각지대를 미리 파악하는 것은 인력 운용이나 비용, 무엇보다 범죄 예방에 큰 효과가 있다. 기존에 센터 관제요원 1명이 650여 대의 CCTV를 모니터링해야 했던 것과 비교하면 놀라운 수준의 업무 효율 개선이다.[11]

숫자나 문자처럼 정형화할 수 있는 것만 데이터가 되는 것은 아니다. 디지털 환경에서 자연스럽게 생성되는 단편적인 정보는 물론, 사람의 주관적 반응이나 움직임 같은 비정형적 요소들까지 데이터로 만들 수 있다.

상상하는 모든 것이 현실이 되는 시대는 이미 시작됐는지도 모른다.

아마존이 전자레인지를 파는 이유

디지털 집사

오늘 저녁은 어떤 메뉴로 할까, 고민하다가 앱을 켠다. 앱에서는 나의 식습관에 맞춘 맞춤형 식단과 레시피를 제공해준다. 필요한 식재료는 모바일을 통해 간단하게 주문한다. 집에 있는 가족에게 재료를 오븐에 넣어달라고 말한 뒤, 나는 앱을 통해 내가 원하는 조리 모드와 시간, 온도를 설정해 오븐으로 자동 전송한다. 집에 도착하니 저녁 메뉴가 완성돼 있다.

마치 공상과학영화 속의 한 장면 같다. 하지만 이런 일은 이제 현실에서도 가능하다. 바로 인공지능 스마트홈 가전 이야기다.

코로나19 이후 가장 급격한 변화를 겪은 것은 다름 아닌 '집'이다. 집은 일터이자 학교로, 운동과 영화 관람은 물론 각양각색의 소모임이 가능한 취미 활동의 공간으로, 때로는 안전한 은신처이자 편안한 쉼터로 그 기능이 무한대로 확장됐다. 기능의 확장은 공간을 채우는 물건에도 급격한 변화를 가져왔다. 그 덕분에 생활 가전 시장도 급속히 성장했다.

그도 그럴 것이, 현대 사회의 재화 및 서비스 시장은 대부분 노동량과 시간을 절약하는 쪽으로 발전해왔기 때문이다. 여성을 과도한 노동으로부터 해방시킨 세탁기를 비롯하여 냉장고, TV로 대변되던 신혼 가전 3대 품목은 식기세척기, 건조기, 로봇 청소기로 바뀐 지 오래다. 여기에 더해, 요즘은 편리함을 넘어 소비자 개인의 사용 패턴까지 고려한 스마트 가전, 스마트홈이 시장을 주도하고 있다.

아마존은 이미 2018년 알렉사를 이용해 소비자들의 집 안으로 들어갔다. 알렉사는 아마존에서 개발한 인공지능 플랫폼이다. 우리가 흔히 보는 AI 스피커 등에 들어가는 인공지능 서비스라고 생각하면 된다. 아마존은 알렉사를 스피커는 물론 전자레인지, 시계, TV 등 집 안 곳곳에 있는 기기에 적용했다.

알렉사가 탑재된 아마존 베이직 전자레인지는 사용자의 식습관을 기억한다. 그 데이터를 통해 사용자가 가장 좋아할 만한 상태로 음식을 가열해주고, 음식이 덜 데워졌다 싶으면 사용자가 말로 하는 명령에 즉시 반응한다.[12] 더 놀라운 건 2018년 출시 당시 가격이 59.99달러에 불과했다는 것이다.

아마존 디바이스 책임자인 데이브 림 수석 부사장은 "전자레인지의 사용자 인터페이스가 여전히 1970년대에 머물러 있다"면서 아마존이 전자레인지를 만든 이유를 밝혔지만[13] 그 너머에는 집 안에서 만들어지는 수많은 비정형성 데이터가 있다. 이 데이터를 이용하면 사용자가 좋아하는 음식을 파악해 아마존 내에서 맞춤 서비스를 제공할 수 있고, 더 나아가 전자레인지를 통한 음식 구매와 배달까지도 가능해진다. 전자레인지를 매개로 아마존이라는 거대한 플랫폼으로 사람을 모으기 위한 똑똑한 전략이다.

삼성의 '비스포크'도 스마트홈 전략을 가속화하고 있다. 브랜드명인 비스포크(bespoke)는 원래 맞춤 정장에 사용되는 용어였지만, 이제는 그 사용 범위가 점차 넓어지면서 '맞춤형 생산'을 뜻하는 말로 자리 잡았다. 상품 제작 전에 의뢰하여 '나만의 물건'을 만드는 것이 비스포크의 핵심. 어느 집이든 브랜드 로고 말고는 외관상 차이를 딱히 알아채기 힘들던 냉장고에, 그것도 문짝 하나하나마다 색색의 컬러를 내 마음대로 입힐 수 있다는 것은 그야말로 획기적인 발상이다.

이 디자인 혁명 하나로 삼성 비스포크는 창사 이래 처음으로 경쟁사를 제치고 생활 가전 부문 판매 1위를 달성했다. '가전을 나답게'라는 캐치프레이즈는 집스타그램 대홍수 시대와 맞물리며 그야말로 생활 가전 시장에 일대 전환기를 마련했다고 해도 과언이 아니다.

여기에 인공지능에 기반한 스마트홈 기능까지 더해지며 생활 가전은 전례 없는 진화를 보여주는 중이다. 기존의 스마트홈 가전은 기기 간의 연결 또는 앱을 통한 간단한 작동 등에 머물렀다면, 최근에는 소비자 맞춤 서비스와 콘텐츠를 제공하는 수준까지 진화했다. 기술도 비스포크가 가능해진 것이다.

비스포크 큐커는 전자레인지, 오븐, 에어프라이어의 기능이 하나로 합쳐진 신개념 조리 기기다. 큐커는 '스마트싱스'가 탑재돼 식재료 구매부터 조리까지 전 과정을 개인의 성향에 맞출 수 있게 했다. 사용자의 식습관을 생각한 맞춤형 레시피를 제공하기도 하고, 그 음식에 필요한 식재료나 조리도구 등을 냉장고 스크린이나 모바일 기기로 보내 간편하게 주문할 수 있도록 돕는다. 레시피와 조리 과정이 데이터화되어 있기 때문에 큐커가 음식을 하는 동안 조리 시간과 온도 등이 자동 조절된다. 삼성전자 스마트홈 서비스를 아우르는 스마트싱스 이용자 수는 한 달 600만 명(2020년 4월 기준)을 돌파하기도 했다.[14]

LG전자도 인공지능 브랜드 'LG 씽큐'를 앞세워 소비자들의 집으로 들어가고 있다. LG 씽큐는 TV, 냉장고, 에어컨, 세탁기 등 33종의 가전과 센서를 관리할 수 있는 스마트 비서다. 특히 LG전자는 식품 회사들과의 협력을 통해 식품 구매를 돕는 것은 물론 조리법까지 알려준다. 가령 사용자가 협력사인 동원F&B의 간편식과 김치를 구매한 뒤 간편식에 있는 바코드를 찍으면 전자레인지가 자동으로 최적의 조리법을 찾아주고, 김치에 있는 바코드를 찍으면 냉장고가 자동으로 제품을 인식해 가장 적합한 온도와 시간을 설정해준다.

이제 소비자가 제조사와 유통사를 찾아와주기만을 기다려서는 생존할 수 없다. 소비자들보다 한 발 먼저 니즈를 파악하고, 그 자리에서 주문할 수 있도록 판을 깔아야 한다. 집은 이를 위한 너무나도 매력적인 공간이다. 집 안에서 생성되는 수많은 데이터를 모으고, 이를 통해 상품과 서비스를 개발한다면 그것만큼 강력한 바운더리가 있을까.

용돈 교육, 앱으로 끝낸다

디지털 네이티브

4차 산업혁명이라는 말이 등장한 지 채 10년도 지나지 않았는데 5차 산업혁명에 대한 논의가 시작되고 있다. 과거 증기기관의 발명과 함께 시작된 1차 산업혁명이 100년간에 걸쳐 사회를 변화시켰던 것을 감안하면 지금의 속도는 따라가기 벅찰 정도다.

그런 의미에서 2022년은 참 재미있는 세상이다. 컬러 TV의 등장을 신기한 눈으로 바라보며 성장한 세대와 태어나면서부터 유튜브를 보며 자란 세대가 동시대를 살아가고 있으니 말이다.

잠재적인 소비력을 가지고 있고, 머지않은 미래에 경제적 주도권을 쥐게 될 이들은 바로 디지털 네이티브다. 디지털 환경에서 성장한 세대를 이르는 말로, 우리나라에서 태어난 사람이 한국말을 자연스럽게 배우고 미국에서 태어난 사람이 영어를 저절로 습득하게 되는 것처럼, 디지털 기기 또는 디지털 언어를 원어민(native speaker)처럼 자유자재로 활용하는 세대를 말한다.

그 때문에 우리에게는 커다란 과제가 주어졌다. 디지털상의 각종 유해 환경으로부터 아이들을 보호하는 동시에 그들을 디지털 네이티브에 걸맞은 사회 구성원으로 교육하는 일이다. 디지털과 빅데이터가 생활 속으로 밀물처럼 밀려드는 지금, 정작 디지털 네이티브만 이런 환경에서 소외시킨다는 것은 어불성설이다. 이제 그 금기의 영역도 서서히 무너지고 있다. 큰 변화가 먼저 감지된 곳은 미국의 핀테크업계다.

미국의 핀테크 스타트업 '스텝'의 타깃 수요층은 10대 청소년이다. 금융과 IT의 융합을 의미하는 핀테크의 비즈니스 모델은 주로 P2P(개인 대 개인) 대출, 크라우드 펀딩, 개인 자산 관리, 온라인 주식 투자, 가상화폐 거래 등 자산 관리나 투자에 집중돼 있다. 하지만 스텝은 조금 다르다. 자산 관리와 투자보다는 서비스에 더 초점을 맞췄다. 금융 비즈니스에서 소외된 10대가 타깃인 것만 봐도 그 출발점이 다름을 알 수 있다.

스텝은 앱을 이용한 모바일 결제를 중심으로 직불카드와 지출 관리 서비스를 제공한다. 그동안 미성년자라는 이유로 금융 서비스에서 배제되었던 10대의 소비 패턴에 철저하게 맞춘 서비스다. 앱을 통해 부모(보호자)는 자녀의 카드에 일정 금액을 충전해줄 수 있고 지출 한도 금액도 설정할 수 있다. 카드 사용 내역을 실시간 알림으로 받는 기능도 포함돼 있다.

2020년 10월 서비스를 시작한 스텝은 4개월 만에 이용자가 100만 명을 돌파할 만큼 폭발적 반응을 얻었다. 미국의 유명 인플루언서이자 댄서인 찰리 다멜리오는 스텝의 투자자로 나서며 1억 명이 넘는 자신의 팔로워에게 스텝을 적극 알리기도 했다. 뿐만 아니라 NBA 간판 농구 선수 스테판 커리, 영화배우 윌 스미스 등도 신생 핀테크 기업 스텝에 투자자로 참여했다.[15]

스텝보다 3년 먼저 출시된 미국의 '그린라이트' 또한 10대 청소년을 위한 핀테크 서비스 중 하나다. 아직 미성년자라 각종 금융 소비가 제한된 10대들에게 모바일 직불카드를 발급해주고, 부모와 자녀가 함께 돈을 관리하며, 합리적인 소비를 하도록 돕는 것이 이 앱의 취지다. 앱에는 부모 계좌의 잔액과 함께 자녀가 요청한 결제 내역, 자녀의 지출 내역과 저축 잔액 등이 표시된다. 또한 부모의 동의를 얻어 실제 주식 투자를 할 수도 있다. 과거 국·영·수를

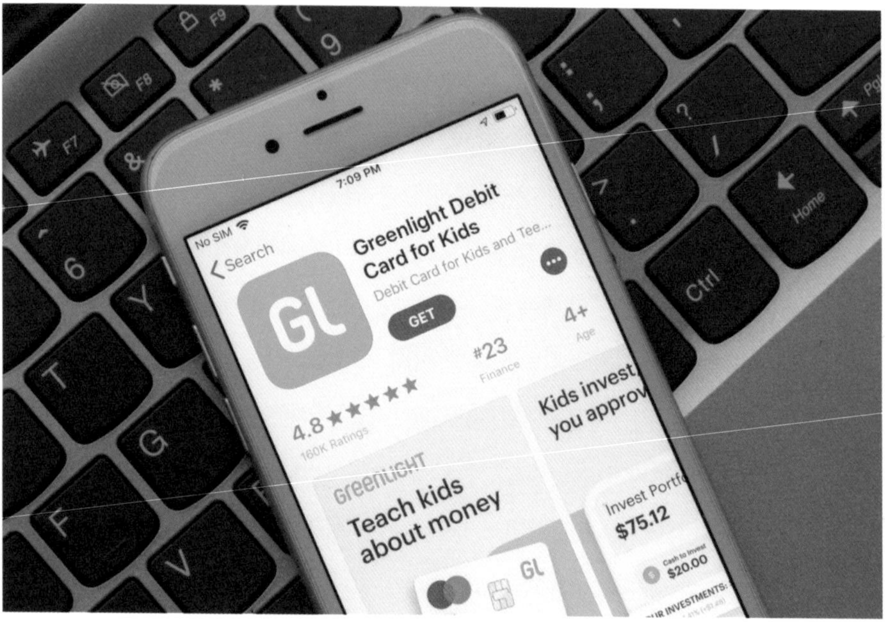

7:09 PM
No SIM
Search
Greenlight Debit Card for Kids
Debit Card for Kids and Tee...
GET
4+
Age
#23
Finance
4.8
160K Ratings
Greenlight
Teach kids about money
Kids invest, you approv
Invest Portf
$75.12
Cash to Invest
$20.00

기초 과목으로 배운 것처럼 금융 교육의 필요성을 느끼는 젊은 부모들 사이에서 이러한 서비스는 큰 호응을 얻고 있다.

2017년 출시된 이후 그린라이트에는 약 300만 개가 넘는 계좌가 개설됐고, 2021년 저축된 금액은 1억 2000만 달러(1488억 원) 이상인 것으로 알려졌다.[16] 여기서 한 발 더 나아가 최근에는 금융 교육 서비스도 강화하고 있다. 부모가 설정한 기간 동안 용돈을 자동 지급하고 자녀가 스스로 돈을 관리하게 하는 것이다. 만약 자녀가 스스로 설정한 목표를 달성했다면 미리 설정해놓은 이자율에 따라 적절한 보상액이 주어지는 시스템이라 자녀 입장에서는 자연스럽게 저축과 적금의 개념을 체험으로 습득할 수 있다.

국내에도 비슷한 서비스들이 출시를 준비하고 있다. 아이들을 대상으로 금융 교육을 제공하는 핀테크 스타트업 '레몬트리'는 용돈 관리, 금융 교육, 주식 투자 등을 한 번에 해결해주는 앱 서비스를 준비 중이다. 출시 단계에서 50억 원 규모의 투자를 유치하며 자녀 대상 핀테크 산업의 성장 가능성을 단박에 보여줬다.

뿐만 아니라 기존 은행권에서도 미성년자를 대상으로 다양한 금융앱을 선보이고 있다. 카카오뱅크의 청소년 가상계좌 '카카오뱅크 미니' 가입자 수는 이미 100만 명을 돌파했고, 하나은행은 저축과 경제 교육, 투자까지 가능한 '아이부자' 앱을 출시했다. 핀테크 앱인 토스의 청소년 이용자는 150만 명에 이른다.

모바일에 익숙한 미성년자들의 첫 금융 거래를 유치하기 위한 경쟁은 갈수록 뜨거워지고 있다. 금융 서비스는 첫 거래를 유치하면 그 관계가 꽤 오랫동안 지속되는 특징이 있다. 우리가 주거래 은행을 웬만해서는 잘 바꾸지 않는 이유다.

거래가 누적될수록 해당 은행에 쌓이는 개인의 신용 기록과 베네핏은 유용하게 활용될 수 있다. 그러니 10대들은 '평생 고객'이 될 잠재 수요층인 셈이다. 현금 없는 사회로의 전환이 가속화된 가운데 디지털 환경에 익숙한 이들을 주목해야 하는 것은 어찌 보면 당연한 전략일지도 모른다. 포화 상태에 이른 금융사들이 10대라는 거대한 신대륙을 찾아 나선 것처럼 말이다.

집콕족을 위한
맞춤형 홈트레이닝

스마트 홈트

트렌디하고 감각적인 라이프스타일을 추구하는 요즘 사람들의 일과에서 절대 빠지지 않는 것이 바로 운동이다. 골프를 치는 20~30대가 급증하고, 마른 몸 대신 잘 다듬어진 건강한 근육질 몸에 열광하며, 규칙적으로 몸을 움직이는 습관을 통해 일과 생활의 균형을 찾는 사람들이 늘었다.

몸에 밀착되는 운동복이 우리의 자연스러운 일상복이 된 것도 작은 변화 중 하나. 특히 이러한 애슬레저룩('애슬레틱athletic'과 '레저leisure'의 합성어로 일상복으로 어색하지 않으면서 운동복처럼 편하고 활동성 있는 스타일의 옷을 말한다)의 전성시대를 이끈 브랜드라고 하면 단연 룰루레몬을 꼽을 수 있다.

캐나다 스포츠웨어 기업 룰루레몬은 '요가복의 샤넬'로 불리며 몇 년 사이 해당 업계의 신흥 강자로 떠오른 글로벌 브랜드다. 룰루레몬이 DX기업으로 기대되는 것은 단순히 스포츠웨어 브랜드에 머무는 것이 아니라 굉장히 영리한 방법으로 포스트 코로나 시대를 준비하고 있기 때문이다.

룰루레몬은 2020년 여름 스마트 거울 스타트업인 미러를 5억 달러(6200억 원)에 인수하며 스마트 거울을 론칭했다. 실제 거울과 같이 생긴 스마트 거울은 내 모습을 비춰줄 뿐만 아니라 영상도 재생해준다.[17] 그러면 사용자는 거울 속의 영상을 따라 운동하면서 자신이 운동하는 모습을 동시에 볼 수 있다. 거울에는 자신의 운동량을 다양한 수치로 보여주는 데이터들이 함께 등장해 오늘 어떤 운동을 했는지, 얼마만큼의 운동을 했는지 손쉽게 파악할 수 있다.

그뿐만이 아니다. 쌍방향 소통 방식을 적용해 화면 속의 전문가에게서 퍼스널 트레이닝도 받을 수 있다. 영상만 보고 운동을 따라 하기 힘들어하는 이들을 위한 비대면 퍼스널 트레이닝인 셈이다. 스마트 거울은 바깥 활동이 어렵거나 집에서 운동하기를 원하는 '집콕족'을 위한 최적의 홈 트레이닝 디바이스다.

장시간 집에 머물렀던 사람들이 차츰 집 밖으로 나오기 시작하고 경쟁 업체들의 견제가 강화되면서 미러의 실적이 다소 기대에 미치지 못한다는 평가도 나오지만 개인 맞춤형 디바이스 플랫폼, 일명 피트테크 시장을 적극적으로 개척했다는 점에서 주목할 만하다. 디지털 피트니스의 수요에 대한 전망도 나쁘지 않다. 스트리밍을 통한 홈 트레이닝이 하나의 트렌드로 자리 잡은데다, 효율적인 시간 활용, 저렴한 비용 등을 고려하면 '스테이 홈' 시대가 종식되더라도 충분히 경쟁력이 있을 것이기 때문이다.

현재 빅데이터와 인공지능은 소비자의 삶에 얼마나 깊숙이, 얼마나 자연스럽게 스며드는가로 성공 여부가 판가름 난다. 훗날 빅데이터와 인공지능 기술의 흐름과 성공을 되짚어 본다면 아마 2020년은 커다란 분기점으로 기록될 것이다. 2019년 12월 코로나19의 등장으로 팬데믹 상태에 빠져든 전 세계에 강력한 거리두기가 시행되면서 디지털 세상이 본격화됐기 때문이다. 혹자는 4차 산업혁명의 격변을 코로나가 최소 5~10년 정도는 앞당겼다고 보기도 한다.

바로 그 시기, 집 밖에 나가 운동을 하지 못해 답답해하던 그 시기에 등장한 '고스트 페이서'는 집콕족의 운동 본능을 폭발시켰다고 해도 과언이 아니다. 미국의 대표적인 크라우드 펀딩 기업인 킥

스타터에서 상당한 화제가 됐던 제품이다.

고스트 페이서는 증강현실 기술을 적용한 러닝 전용 고글이다. 사용자가 고글을 쓰면 눈앞에 가상의 홀로그램 러너가 생성돼 내 앞에서 함께 뛰는 듯한 장면이 연출된다. 내 앞에 가상의 인물이 함께 뛰고 있으니 동기부여도 되고, 운동의 재미도 더할 수 있다. 운동 경로나 시간을 내가 정할 수 있음은 물론, 함께 뛰는 러너의 속도도 조절할 수 있다. 또 가상의 러너 대신 친구를 초대해 함께 뛸 수도 있다.

사용자의 페이스에 맞춰 속도를 조절하는 이 '고스트 러너'는 러닝이 외롭고 고독한 운동이라는 인식을 단박에 바꾸어놓았다. 제품의 설계 또한 무척 간단하다. 고글 안에 장착된 프로젝터가 고글 렌즈로 영상을 송신하는 방식이다. 단조로운 운동에 디지털 기술을 적극적으로 도입한 예다.[18]

상대가 있어야만 가능한 운동도 디지털 기술만 있다면 혼자서 충분히 즐길 수 있다. '국제전자제품박람회 2022'에서 주목받은 스마트 펀치백 '라이트박서'는 디지털 복싱 트레이너다. 사용자가 다양한 센서가 달린 스마트 펀치백을 치면 사용자의 모션과 펀치의 세기 등을 감지해 원격 수업을 제공하는 것이 라이트박서의 특징이다. 라이트박서의 펀치 영역은 총 6개로 나뉘어 있고, 기기는 빛

과 소리를 이용해 복싱 연습을 도와준다.

제품에는 펀치의 정확도와 강도를 감지하는 파워 센스가 탑재돼 있으며, 스마트폰으로 연동한 앱에서는 운동에 적합한 음악과 코치의 지도 및 구령이 함께 나온다. 이에 맞춰 초록색 LED 등이 들어오는 부분을 정확히 타격하는 것이 작동 원리다. 운동을 마치 게임처럼 느껴지게 해서 동기부여를 강화했다. 전용 태블릿을 스탠드 중앙에 거치하고 복싱 수업을 영상으로 보면서 자세나 기술을 다양하게 트레이닝할 수 있다.[19]

국내에서도 피트테크 시장, 헬스테크 시장이 커지는 추세다. 스마트 거울 개발 회사인 올댓비젼은 체성분 분석(인바디) 결과를 기반으로 개인 맞춤형 운동 프로그램과 스케줄을 제안하는 인공지능 피트니스 스마트 거울 '비전핏' 서비스를 제공하고 있다. 야나두는 메타버스와 게임 요소를 접목한 홈트레이닝 서비스 '야핏 사이클'을 출시하여, 영어에 이어 헬스 시장에까지 진출하며 자기개발 시장을 확장하고 있다.

진나라 진시황이 불사를 꿈꾸며 불로초 구하기에 모든 것을 쏟아부었던 것처럼, 건강하게 오래도록 살고자 하는 사람들의 욕구는 지금도 다르지 않다. 식지 않는 사람들의 관심사는 건강이다.

그리고 현재 건강 관리 시장의 화두는 디지털 헬스케어다. 여기에 1인 가구 증가, 재택근무의 활성화 등은 '홈코노미'라는 신조어까지 탄생시키며 디지털 기술을 더욱더 우리 생활 가까이로 끌어당기고 있다.

디지털과 데이터로 무장하고 있다고 해서 고객이 저절로 찾아오지는 않는다. 이것들을 들고 소비자의 삶으로 직접 들어가야 한다.

(3)

새로운 디지털 경험으로 가치를 선점하라

메타버스 × 가치

페이스북이 사명을 바꾼 이유

메타버스

전 세계 30억여 명이 사용한다는 페이스북. 웬만한 국가의 인구의 몇백 배가 모여 있다고 해도 과언이 아닌 페이스북은 인스타그램, 왓츠앱을 차례로 인수하며 명실상부한 글로벌 빅테크 그룹으로 성장했다. 그런 페이스북이 2021년 11월 회사명을 '메타'로 전격 변경한다고 발표했다. 예상치 못했던 페이스북의 발표에 시장은 물론 사용자들도 깜짝 놀랐다.

이 같은 사명 변경은 메타의 최고경영자이자 창업자인 마크 저커버그가 '커넥트' 기조연설을 통해 전격적으로 발표함으로써 알려졌다. 마크 저커버그는 "메타버스가 모바일 인터넷의 후계자가

facebook
Meta

될 것"이라면서 "지금부터 우리는 '페이스북 퍼스트'가 아니라 '메타버스 퍼스트가 될 것'"이라고 말했다. 그렇게 2004년 설립 이후 18년간 사용하던 사명 '페이스북'을 과감히 버리고 '메타'라는 새로운 이름을 전면에 내세운 것이다.[1]

페이스북의 변신이 전달하는 메시지는 분명하다. 소셜 네트워킹이 모바일이라는 무궁무진한 가능성과 만나 전혀 다른 세상을 연 것처럼, 그다음 개척지는 바로 메타버스라는 확장 가상 세계라는 것이다. 이제 자신의 의견을 말할 수 있는 플랫폼, 세상이 하나로 연결된 듯한 가치는 하나의 일상이 되었을 만큼 당연해졌다. 메타버스라는 다른 경험을 통해 또 다른 가치를 제공하지 않으면 살아남을 수 없다는 위기 의식이 그 바탕에 있었다.

실제 존재하는 것 같은 느낌, 또 하나의 나인 아바타, 언제 어디로든 갈 수 있는 순간 이동, 내 맘대로 설계할 수 있는 거주 공간, 안전하면서도 감정 소모 없는 타인과의 연결, 새로운 시장이 창출되는 가상 재화 등은 마크 저커버그가 이끄는 메타가 주목하는 핵심 화두다. 여기에 좀 더 정교한 증강현실과 가상현실 기술을 더해 훨씬 더 몰입감 있는 디지털 경험을 제공하는 메타버스 사업자가 되겠다는 것이 메타의 야심찬 포부다. 마크 저커버그는 향후 10년 내에 10억 명의 이용자가 확보되고, 수천억 달러 규모의 상거래가

이루어지며, 수백만 개의 일자리가 창출될 것이라고 내다봤다.[2]

'메타버스'는 가상 또는 초월을 의미하는 메타(meta)와 세계 또는 우주를 의미하는 유니버스(universe)의 합성어로서 일명 '확장 가상 세계'라고도 불린다.《메타버스》의 저자 김상균은 메타버스에 대해 "사람들이 아바타로 살아가고 싶어 하는 디지털화된 지구"라고 설명한다.

메타버스에는 현실과 똑같은 가상의 공간이 있고, 그 안에서 또 다른 내가 현실 세계에서처럼 살아가고 있는 것으로 이해하면 쉽다. 가령 가상의 공간에 내가 가는 카페, 학교, 사무실, 영화관, 백화점 등이 있고 형태 또한 현실과 거의 닮아 있다. 아바타인 '나'는 그 안에서 수업을 듣고 사무실에서 회의를 하며 카페에서 친구와 어울리고 브랜드 매장에서 물건들을 산다. 현실 속 나의 '부캐'가 디지털 공간에서 살아가고 있는 것이다. 가상현실이나 증강현실보다 상위 개념으로 현실을 그대로 가상 세계로 옮겨 현실에서 할 수 있는 모든 활동을 할 수 있게 한 것이 특징이다.

메타버스는 사실 최근에 등장한 신개념은 아니다. 지금으로부터 30년 전인 1992년 닐 스티븐슨의 SF소설《스노 크래시》에 '메타버스'라는 용어가 처음 등장했다. 당시에는 소설 속의 상상일 뿐, 누구도 현실이 되리라 생각하지 못했다. 그러다 2000년대 초반 무렵부터 게임사들이 속속 메타버스 세계에 뛰어들기 시작했다. 지금은 잊힌 '세컨드 라이프'라는 게임은 지금 우리가 아는 메타버스 세계와 닮아 있다. 3D 소셜 네트워크 서비스 게임인 세컨드 라이프는 게임 안에서 공부를 하고, 친구를 사귀고, 사업을 할 뿐만 아니라 '린든 달러'라는 가상화폐로 아이템을 사고팔 수 있는 게임이었다.

이후 2000년대 후반에 들어서면서 디지털 기술의 빠른 발전으로 메타버스는 총체적으로 진화에 진화를 거듭했고 지금의 메타버스 세상에 이르렀다. 포트나이트, 로블록스, 마인크래프트 등 메이저급 게임사들은 그 중심에서 모든 변화를 주도했고, 여기에 메타, 구글, 네이버, 카카오 등 각국 빅테크 기업들이 적극 가담하기 시작했다.

월 실사용자를 무려 30억 명이나 보유한 페이스북과 막강한 마케팅 화력을 자랑하는 인스타그램(약 10억 명) 및 왓츠앱(약 20억 명)을 소유한 메타가 미래 플랫폼 사업의 중심으로 메타버스를 선택한 것은 무척 상징적인 일이다. 메타는 사명 변경과 함께 증강현실, 가상현실, 하드웨어, 소프트웨어 등을 연구하던 '리얼리티 랩

(Reality Labs)'을 본사에서 분리해 별도 사업체로 독립시켰다. 이는 별도의 회사를 설립할 만큼 그 규모와 중요성이 상당하다는 의미다. 또 메타는 메타버스 사업에만 최소 100억 달러(12조 4000억 원)를 투자하고, 유럽에서만 1만여 명의 엔지니어를 채용할 것으로 알려졌다. 광고 수익 외에 대체불가능 토큰(NFT, Non-Fungible Token) 등을 기반으로 한 상거래 부문으로도 수익 창출을 노리고 있다.[3] 본격적인 디지털 경제의 활성화다.

실제 메타버스의 성공 여부와 상관없이 시장은 이미 반응하고 있다. 미국의 한 시장 조사 기관은 2025년까지 전 세계 메타버스 관련 매출이 약 2800억 달러(347조 2000억 원)에 달할 것으로 추정했다.

우리는 그 어느 세대보다 활발하게 서로 소통하는 것 같지만 자세히 들여다보면 오히려 집단과의 연결성은 훨씬 더 헐거워진 것을 알 수 있다. SNS, 가상 세계 등은 분명 이러한 현상을 부추기지만 그 안에서 현실과 메타버스를 균형감 있게 연결하고 운용한다면 또 하나의 가능성이 열린다. 길은 어느 한 곳에만 있는 것이 아니다. 현실과 공존하는 메타버스, 이것을 구현하는 기업은 격변하는 미래 사회에서도 충분히 경쟁력을 갖출 수 있다.

1억 명이 다녀간 지도에는 없는 편의점

메타 커머스

국내 토종 커피 브랜드 이디야커피가 스타벅스를 제쳤다면? 절대 불가능할 것 같던 일이 일어났다. '설마' 하는 생각이 머리를 스치는가? 하지만 이는 실제로 일어난 일이다. 어디서? 바로 메타버스 세상 '제페토' 이야기다.

네이버가 운영하는 메타버스 플랫폼 제페토에서는 이디야 방문자 수가 스타벅스 방문자 수를 훨씬 앞지른다. 2021년 12월 기준 이디야커피 포시즌카페점은 오픈 45일 만에 누적 방문자 수 600만 명을 돌파했다. 이는 업계 1위 스타벅스 산타광장점보다 2배 빠른 속도다.[4] 이디야커피 포시즌카페점은 한옥 카페 콘셉트로 꾸며져 국내 이용자뿐만 아니라 외국인들에게도 큰 인기를 끌었다. 제페토 세상에서 만난 친구와 함께 하얀 눈이 내려앉은 한옥 카페를 방문해 사진을 찍기도 하고, 2층 테라스에 준비된 호떡 코너에서 호떡을 먹는 등 이용자들은 메타버스 세상을 즐겼다.

같은 달 배스킨라빈스도 제페토에 '배라 팩토리'를 론칭했다. 팩토리라는 이름에서도 알 수 있듯이 배라 팩토리는 기존의 배스킨라빈스 제품뿐만 아니라 아이스크림을 직접 만들어볼 수 있는 재미도 제공한다. 일종의 게임 형식이다. 사용자가 배라 팩토리에 입장하면 직원이 나와 미션을 준다. 그러면 사용자는 맵 곳곳을 누비며 미션을 완수해야 한다. 제한된 시간 안에 초코나무 숲, 사랑에 빠진 딸기밭, 민트 화원 등 갖가지 숲에서 친구들과 함께 아이스크림 재료를 모으고 아이스크림 케이크를 완성하는 것이다.

기업들이 메타버스 세상에 입점해 다양한 콘텐츠를 만들어내는 이유는 뭘까? 우선 생각해볼 수 있는 가장 큰 이유는 마케팅 효과다. 가상의 세계관(universe)과 현실을 섞는다(mix)는 의미의 믹스버스(mixverse) 마케팅으로 자사 브랜드를 알리고 홍보함으로써 기업의 이윤을 극대화하는 것이다.

미국의 멕시칸 레스토랑 '치폴레'는 성공적인 믹스버스 마케팅

EDIYA COFFEE
EDIYA

으로 손꼽힌다. 치폴레는 메타버스 서비스 플랫폼인 로블록스에서 핼러윈 행사를 진행했다. 매년 오프라인 매장에서 진행하던 행사를 메타버스로 옮긴 것이다. 가상 맵을 방문한 이들에게 코스튬 아이템과 실제 매장에서 부리토를 받을 수 있는 코드를 함께 제공해 오프라인 매장으로까지 방문을 유도했다. 이는 실제 기업의 매출에도 직접적인 영향을 미쳐서 치폴레의 2021년 3분기 디지털 매출액은 8억 달러(9920억 원)로 총 매출의 42.8%를 차지했고, 온라인 한정 메뉴와 리워드를 통해 치폴레 멤버십 3분기 가입자 수는 8%나 증가했다.[5]

그럴듯한 가상 세계가 아니더라도 유튜브 속의 세계관을 현실에 옮겨와 믹스버스한 예도 있다. 2021년 여름 롯데백화점은 유튜브 채널 '피식대학'의 인기 캐릭터 '이호창'의 세계관을 현실로 구현한 '김갑생할머니김' 팝업스토어를 열었다. CJ제일제당은 2021년 6월 서울 성수동에 '명탐정 컵반즈' 팝업스토어를 열어 가상 세계관 속의 추리 미션 콘텐츠를 오프라인에 그대로 재현했다. 배우 나문희가 탐정으로 등장한 유튜브의 추리 영상을 보고 퀴즈를 풀면 금고가 숨겨진 장소와 비밀번호를 알 수 있고, 이를 통해 현실에 존재하는 팝업스토어로 직접 연결되게 한 것이다.[6] 디지털 콘텐츠든 메타버스든 브랜드의 세계관을 구현한 가상 세계를 창조하고 이를 현실과 연결하는 시도는 이제 얼마든지 가능하다.

마케팅 효과보다 더 중요한 것은 그 안의 커머스 시장이다. 메타버스 시장 규모는 2020년 4787억 달러(593조 5880억 원)에서 2024년 7833억 달러(971조 2920억 원)로 무시무시한 성장세를 보일 것으로 예측된다(미국 블룸버그 인텔리전스 발표 기준). 투자은행 모건스탠리는 메타버스가 지금의 소셜 미디어와 스트리밍, 게임 플랫폼을 대체하며 최대 8조 달러(9920조 원)에 달하는 시장을 형성할 것이라는 분석까지 내놨다.[7] 메타버스는 이제 막 태동기에 접어든 만큼 아직은 커머스 시장이 시작 단계에 불과하지만 수년 안에 완전한 시장 생태계를 이루면 그 규모는 상당할 것으로 전망된다.

커머스 시장을 기대할 수 있는 것은 이미 기업들이 확보하고 있는 엄청난 규모의 데이터 덕분이다. 예를 들어 제페토에서 가장 많은 이용자가 방문한 곳은 프랜차이즈 편의점 CU다. CU는 2021년 8월 CU제페토한강공원점을 시작으로 교실매점, 지하철역점까지 3개 맵을 연이어 오픈하며 2021년 말 기준 1억 명이 넘는 방문자를 끌어들였다.[8] 1억 명의 고객 데이터가 의미하는 바는 굉장히 크다. 그들이 언제 편의점을 찾는지, 어떤 동선으로 매장을 구경하는지, 어떤 제품을 선호하고 얼마나 구매하는지, 모든 것이 예측 가능해지기 때문이다.

세계 각국의 투자 분석 회사에서 메타버스에 대한 긍정적인 시그널을 내놓는 이유는 소비 시장을 점령하기 시작한 MZ세대와 알파세대에 대한 기대감 때문이다. 이들은 직접 매장에 가는 대신 가상 세계 속의 브랜드 체험관을 둘러보거나 앱의 증강현실 공간을 통해 물건을 체험해본다. 또한 이들은 필요한 물건을 구매하는 행위로서의 소비가 아니라 소비 자체를 일종의 게임처럼 열광하며 즐긴다. 좋아하는 브랜드의 가상 세계 맵에 들러, 색다른 체험에 참여하고 상품을 구매하는 행위 자체를 오락으로 즐기고 소비하는 것이다. 디지털 의류를 판매하는 D2A(Direct to Avatar) 시장에서 글로벌 패션 브랜드 구찌의 한정판 디지털 핸드백은 4115달러(510만 2600원)에 팔리기도 했다.[9] 이는 실제 핸드백보다 더 비싼 가격이다.

놀이터로 치부되던 메타버스가 당당히 소비 플랫폼으로 자리 잡음으로써 기업에게는 메타버스를 넘어 메타 커머스로 가는 길이 넓게 열렸다. 기업에게 가상 세계는 내수 시장을 넘어 글로벌로 나아가고 시공간적 한계에서 벗어날 좋은 기회다. 무한대로 뻗어나가는 메타버스의 세계, 그 안에 잠재되어 있는 시장 가능성을 선점하기 위한 경쟁은 이미 시작되었다.

BTS의 신곡을 가장 먼저 만나는 곳

궁극의 엔터테인먼트

한국 가수 최초로 미국 빌보드 싱글차트 1위를 기록하며 케이팝의 역사를 새로 쓰고 있는 방탄소년단. 2년 전 발표한 음원 〈다이너마이트〉는 그들의 세계적인 위상을 확인시켜준 곡이다. 〈다이너마이트〉는 한국 가수 최초의 미국 빌보드 1위라는 기록 외에도 또 다른 기네스 세계 기록을 세웠다. 뮤직비디오 공개 24시간 만에 유튜브에서 1억 110만 뷰를 기록하며 '24시간 동안 가장 많이 본 유튜브 영상'으로 기네스 세계 기록에 올랐던 것이다.[10]

재미있는 것은 〈다이너마이트〉의 안무가 담긴 뮤직비디오가 처음 공개된 곳이 TV나 유튜브가 아닌 온라인 게임 '포트나이트'

의 '파티로얄'이었다는 점이다. 포트나이트는 2018년 출시된 슈팅 게임으로, 100명의 플레이어와 하는 배틀이 기본이다. 그런데 포트나이트는 게임이 아닌 소통을 위한 소셜 공간 파티로얄을 만들었다.

파티로얄은 말 그대로 이용자들이 다른 이용자들과 함께 영화를 관람하고 콘서트를 즐기는 등 파티가 벌어지는 소셜 공간이다. 친목을 위한 성격이 크다 보니 처음에는 게임 공략을 위한 노하우나 아이템과 관련된 이야기들이 이어지다가 이후 이곳에서 아티스트들의 공연이 개최되며 말 그대로 메타버스 세계가 되었다. 게임과 소셜, 세계적인 셀럽과 수준 높은 콘텐츠까지 현대인들이 열광하는 궁극의 엔터테인먼트 요소들이 한자리에 모인 것이다.

BTS가 신곡을 발표하던 날, 포트나이트 이용자들은 다 같이 BTS의 신곡 발표회를 찾아 뮤직비디오를 감상하고 함께 노래를 듣는 리스닝 파티를 즐겼다. 뿐만 아니라 새로 나온 BTS의 안무 이모티콘도 구입했다.[11] BTS의 성공적인 메타버스 신곡 발표회 이후 파티로얄에서는 세계적 팝 스타 아리아나 그란데, 힙합 뮤지션 트래비스 스콧 등의 콘서트가 열렸고 1230만 명의 동시 접속자가 콘서트를 즐겼다.[12]

글로벌 팬덤을 거느린 케이팝 그룹 블랙핑크는 네이버제트가 운영하는 메타버스 플랫폼 '제페토'에서 가상 팬 사인회를 열어 큰 반향을 일으켰다. 전 세계에서 4600만 명에 달하는 사람들이 자신의 아바타를 통해 사인회에 참석했다. 오프라인에서는 불가능에 가까운 숫자다.

이날 블랙핑크 팬들은 제페토에서 만난 멤버들의 아바타와 함께 '셀카'를 찍었다. 접속할 때마다 총 36가지의 사인을 랜덤으로 증정해주고, 팬들이 가지고 있는 사진에 멤버의 아바타를 불러오는 기능까지 추가했다. 블랙핑크의 리얼리티 프로그램이 촬영된 장소로 화제를 모았던 '블핑하우스'를 제페토에 그대로 구현한 가상 맵 블핑하우스도 인기를 끌었다. 가상 공간에서 열린 이날 사인회는 일종의 놀이, 게임이었다.

MZ세대는 메타버스라는 디지털 행성에서 친구를 만나고, 공연을 보고, 일상을 공유한다. 이들은 단순히 즐기기만 하지 않고 그 안의 세상을 마치 현실처럼 인식하고 행동한다. 현실의 모습을 고스란히 재현한 이 거울 세계에서 사람들은 각각 새로운 자아가 된다.

이러한 가상 세계는 VR 게임처럼 별도의 헤드셋 없이 PC나 모

TEAM
JO
JOE
BID N
HARRIS

바일, 게임기, TV 등 다양한 기기를 통해 즐길 수 있다는 점이 특징이다. 누구나 자신의 휴대전화로 간편하게 접속이 가능하니 확장성이 커진 것이다.

2020년 3월 출시된 닌텐도 '모여봐요, 동물의 숲'은 메타버스를 구현한 대표적인 게임으로 손꼽힌다. 현실 세계와 동일한 시간 체계가 적용된 가상 세계에서 이용자는 낚시, 곤충 채집, 가드닝, 집 꾸미기 등의 취미 활동을 즐긴다. 메타버스를 좀 더 친근하고 빠르게 확장시킨 이 게임은 전 세계적으로 인기를 얻으면서 무려 6년간 판매 1위를 기록했던 '피파' 시리즈를 끌어내리고 1위를 차지하기도 했다.

이 게임은 조 바이든 미국 대통령의 선거운동으로 더욱 눈길을 끌었다. 당시 바이든 선거 캠프는 공식적으로 '모여봐요, 동물의 숲' 캠페인을 추진하며 QR코드를 배포하여, 바이든 선거 캠프의 공식 간판을 게임 내에 설치할 수 있게 했다. 그것이 승리에 결정적인 역할을 했다고 볼 수는 없지만 MZ세대가 선거에 관심을 갖게 했다는 점에는 이견이 없다.

또 하나, 메타버스가 무한한 가능성을 가진 것은 소비자와 공급자의 경계가 뚜렷하지 않은 덕분이다. 과거의 이용자들은 게임 회사가 만든 아이템을 구매하는 소비자 역할만 했다. 하지만 지금의 메타버스 안에서는 직접 물건을 만들어 판매하는 공급자가 될 수 있다. 가상 세계 안에서 이용자는 옷이나 액세서리, 집 등 무엇이든 직접 만들어서 판매할 수 있다.

가령 월 2억 600만 명이 이용하는 로블록스에서는 이용자도 각종 패션 아이템을 제작·판매할 수 있다. 그뿐만이 아니다. 본인이 만든 게임을 론칭하고, 그 게임을 이용할 수 있는 게임 패스를 판매해 수익을 올릴 수 있다. 2020년 상위 300여 명의 개발자들은 로블록스에서 연 평균 10만 달러(1억 2400만 원)를 벌어들였다.[13]

이렇게 시장 규모가 커지자 콧대 높은 글로벌 명품 브랜드들의 메타버스 마케팅도 활발하게 진행 중이다. 제페토에는 이미 구찌, 나이키, 디즈니, 컨버스, 푸시버튼 등 다양한 패션 브랜드들이 줄지어 입점해 있는 상황이다. 2021년 제페토에서는 구찌의 지적재산권을 활용해 브랜드 특유의 패턴과 색감이 인상적인 의상, 핸드백, 액세서리는 물론 다양한 리빙 소품을 선보여 큰 인기를 끌었다. 또한 해당 시즌의 신상품을 그대로 구현한 '버추얼 컬렉션'과 컬래버레이션 아이템도 공개해 이용자들에게 실감 나는 명품 소비 경험을 선사했다. 3D 제페토 월드맵에서는 구찌의 아이덴티티가 담긴 버추얼 공간 '구찌 빌라'가 공개돼 큰 호응을 얻었다. 구찌

본사가 위치한 이탈리아 피렌체를 배경으로 한 구찌 빌라 월드맵에서 이용자들은 직접 공간을 체험하고 아이템을 착용해봄으로써 현실에서는 쉽게 넘지 못하는 명품 브랜드의 문턱을 자유자재로 넘나들었다.[14]

미지의 환경에 대한 호기심, 새로운 경험에 대한 강렬한 욕구, 현실에서 불가능한 모든 것들이 메타버스 안에서는 가능하다. 그래서 사람들은 더 많이, 더 자주 이 확장 가상 세계에 '입장'한다.

메타버스를 단순히 캐릭터의 놀이 공간쯤으로 이해하는 것은 이미 낡은 시각이다. 발 빠른 기업은 이 안에서 끊임없이 확대되는 시장과 돈의 흐름, 소비자과 공급자의 유기적인 관계에 주목하고 대응하고 있다. 이들은 미래 세계의 또 다른 옵션이 아니라 어쩌면 그 전부가 될지도 모른다. 사람들은 즐겁고 재미있는 것에 끊임없이 현혹되기 때문이다.

비욘드 인터넷, 게임 전쟁이 시작된다

게임

전 세계에서 게임을 즐기는 사람의 수는 30억 명이다(2021년 기준).[15] 전 세계 인구가 80억 명이 조금 안 되는 것을 감안하면 10명 중 3~4명은 게임을 하고 있는 셈이다. 같은 기관에서 15년 전에 조사했을 때는 2억 명에 불과했던 것과 비교하면 그야말로 폭발적인 성장세다.

게임 인구가 늘고 있는 만큼 게임 시장 역시 무서울 정도로 빠르게 성장하고 있다. 2021년 게임 산업이 창출해낸 직·간접적인 경제적 가치는 3000억 달러(372조 원)에 달한다. 이미 영화와 음악 시장을 넘어선 규모다. 팬데믹 직전(2019년) 전 세계 영화 시장의 규모가 1010억 달러(125조 2400억 원)였다는 점을 감안하면 불과 몇 년 만에 게임 시장이 영화 시장의 3배 이상으로 성장한 것이다.

게임은 미래 먹거리 시장을 이야기할 때 절대 빼놓을 수 없는 분야다. 이토록 빠르게 많은 사람이 게임에 열광하게 된 배경은 여러 가지다. 팬데믹으로 비대면 문화가 정착되고, 메타버스 같은 기술의 발전이 가져온 확장 가상 세계가 차세대 플랫폼으로 급부상하면서 게임에 자연스럽게 사람들이 몰리게 된 것이다. 게다가 디바이스의 발전, 디지털 환경의 개선으로 언제 어디서든 사람들이 보다 쉽게 그리고 자주 인터넷에 접속할 수 있게 되었다.

한마디로 강한 중독성, 혼자서도 즐길 수 있는 독립성, 차세대 플랫폼과의 적합성 등이 맞아떨어진 결과다. 그러니 마이크로소프트, 구글, 아마존, 메타, 넷플릭스 등 세계 시장을 움직이는 글로벌 빅테크 기업들이 유명한 게임 회사를 인수하거나 새로운 게임 서비스 플랫폼을 출시하는 것도 전혀 이상한 일이 아니다.

그중에서 최근 가장 주목할 만한 '사건'은 마이크로소프트가 무려 687억 달러(85조 1880억 원)를 들여 '액티비전 블리자드'를 인수한 일이다. 687억 달러는 IT 기업 인수·합병 역사상 최고액이다. 국내의 주요 게임사인 엔씨소프트, 넥슨, 넷마블의 시가 총액을 합친 금액이 약 50조 원임을 감안하면 마이크로소프트가 게임 사업에 얼마나 진심인지 쉽게 짐작할 수 있다.[16] 액티비전 블리자드는 글로벌 게임 회사다. 우리나라에서도 큰 인기를 끌며 PC방 게임 시대를 열었다고 해도 과언이 아닌 '스타크래프트'를 출시해 게임도 스포츠가 될 수 있다는 'e스포츠' 붐을 일으켰을 뿐만 아니라 '워크래프트', '디아블로', '콜오브듀티', '오버워치' 등 줄줄이 히트 치는 게임을 만든 회사다. 매월 전 세계에서 4억 명이 액티비전 블리자드의 게임을 하고 있다고 하니, 마이크로소프트사는 블리자드를 인수함으로써 중국의 인터넷 미디어 복합 기업인 텐센트, 일본의 소니에 이어 세계 3위의 게임 회사로 단박에 발돋움했다.

영상 콘텐츠 스트리밍 서비스를 제공하는 세계 최대 OTT 기업 넷플릭스 역시 게임 시장에 눈독을 들이고 있다. 넷플릭스의 마이크 버두 부사장은 "지금 당장 스토리를 몰라도 사용할 수 있는 아케이드 게임을 하든 당신이 좋아하는 스토리를 활용한 게임을 하든 모두를 위해 뭔가를 제공하는 게임 라이브러리를 구축할 것"이라면서 2021년 9월 게임 개발 회사 '나이트 스쿨 스튜디오'를 인수하여 시장 진출에 박차를 가했다.[17]

그 시작으로 2021년 11월, 넷플릭스는 자사 오리지널 콘텐츠인 〈기묘한 이야기〉의 지식재산권을 활용한 모바일 게임을 출시했다.

별도 앱으로 론칭한 이 게임은 우선은 넷플릭스 멤버십만 있으면 광고나 추가 요금, 인앱 구매 없이 즐길 수 있게 했다. 드라마 팬층의 몰입도를 끌어올리는 구성과 스토리로 콘텐츠와 게임을 넘나드는 재미를 선보이며 기대감을 불러 모았다.

국내 기업들의 분위기도 마찬가지. 카카오는 일찌감치 게임 회사에 투자하며 시장 창출을 위한 준비를 마쳤다. 넵튠은 퍼즐, 레이싱 등 비교적 간단히 즐길 수 있는 캐주얼 게임을 만드는 회사인데, 2021년 2월 카카오게임즈가 최대 주주로 등극하면서 자연스럽게 카카오 계열사로 편입됐다. 이후 카카오는 관련 업계 투자에도 박차를 가해, 2021년에만 10여 곳에 지분을 투자했고, 이 중 상당수는 메타버스 관련 기업인 것으로 알려졌다.[18] 카카오가 메타버스 세계를 본격적으로 구축할 경우 넵튠이 구심점 역할을 할 것이라는 업계의 평가가 허투로 들리지 않는 이유다.

세계적인 빅테크 기업들이 자신들과 손잡을 회사로 게임 회사를 선택한 이유는 바로 메타버스 때문이다. 실제로 마이크로소프트의 CEO 사티아 나델라는 블리자드의 인수를 발표하면서 "게임은 가장 역동적이고 흥미로운 플랫폼일 뿐만 아니라 메타버스 플랫폼 개발에서도 핵심적인 역할을 담당할 것"이라고 말했다.[19]

메타버스의 본질은 게임이다. 모든 플랫폼은 이용자들이 재미를 느껴야 찾아온다. 또한 그들이 그 공간에서 오랜 시간을 보내게 하려면 지속적인 재미를 주어야 한다. 그런데 재미를 줄 수 있는 가장 매력적인 방법이 바로 게임이다. 그저 가상 세계로서의 단일 메타버스 플랫폼은 살아남을 수 없다.

이제 MZ세대가 가고 알파세대가 오고 있다. 알파세대는 2011~2025년에 탄생한 세대로서 MZ세대보다 한 단계 높은 디지털 문화와 영향력을 가지고 있다. MZ세대가 스마트폰의 태동기를 겪으며 그 시초가 된 세대라면 알파세대는 태어난 직후부터 디지털 세계의 본격적인 영향을 받은 세대다.

이들은 어떤 세대보다 기술적으로 집약된 세대가 될 것이다. 그들은 컴퓨터(AI)와의 교류를 자연스럽게 받아들일 뿐만 아니라 새로운 기술에 열광한다. 그들에게 재미와 직관으로 움직이는 메타버스의 세계와 게임 시장의 룰은 무엇보다 자연스러운 일상이다.

소셜 네트워크, 쇼핑, 정보, 엔터테인먼트 등 알파세대의 삶을 구성하는 각각의 영역은 이제 경계 없이 모두 하나의 플랫폼으로 연결될 것이다. 그리고 그 중심에는 강력한 흡인력과 재미로 무장한 게임이 있다는 것은 부인할 수 없는 사실이다. 앞으로는 게임을 지배하는 자가 새로운 시장의 승자가 될 것이다.

디지털 세상의 컬렉션

NFT

시대에 따라 찾는 물건도, 모으는 방법도 조금씩 달라졌지만 컬렉션은 여전히 인간을 설레게 하는 가장 큰 유희 중 하나다. 기념우표와 주화처럼 친근한 물건들은 물론 독창적인 예술 작품, 오래된 고미술품, 귀한 술, 시대를 반영한 각종 크래프트들은 희소성에 따라 적게는 수십만 원부터 많게는 수십, 수백억 원의 가치를 호가하며 사람들의 수집 욕구를 자극한다. 수집과 소장은 인간이 부를 축적하는 가장 전통적인 방식인 동시에 소유 욕구를 충족하는 오랜 습관이기도 하다.

기술의 발전은 이러한 수집과 소장의 영역을 완전히 다른 세계로 이끌고 있다. '대체불가능 토큰'이라 불리는 NFT가 바로 그것이다. NFT는 특정 디지털 자산에 대한 소유권과 거래 내역을 블록체인에 저장하고 기록한 디지털 파일을 말한다. 일종의 '디지털 정품 인증서' 개념으로 이해하면 쉽다. 원작자가 언제 누구에게 작품을 양도했는지, 얼마에 거래되어 어떤 소유주들을 거쳤는지 투명하게 정보로 기록된다. 디지털 세상에 존재하는 영상, 그림, 음악, 문서 등 다양한 형태의 콘텐츠에 고유의 인식값을 부여하는 것으로 대체가 불가능하고 위·변조 우려도 차단돼 원본과 소유권 인증이 가능하다. 디지털 세상에서는 무제한 복제가 가능하지만 NFT를 지닌 고유한 데이터는 세상에 딱 하나뿐인 디지털 원작으로 그 효력을 지니게 되는 것이다.

NFT가 처음 등장한 것은 2017년이다. 미국 뉴욕의 소프트웨어 회사 라바랩스는 이더리움 기반의 NFT 프로젝트로 '크립토펑크'를 처음 선보였다. 크립토펑크는 24×24픽셀로 이루어진 아바타 이미지 모음으로, 1만 개의 아바타 이미지가 담겨 있다. 쉽게 생각해서 1만 개의 캐릭터 그림 이미지라고 생각하면 된다. 그중 에메랄드빛 얼굴에 헤어밴드를 착용한 3100번이 무려 758만 달러(93억 9920만 원)까지 가격이 치솟았다.[20] 크립토펑크 3100번은 디지털 자

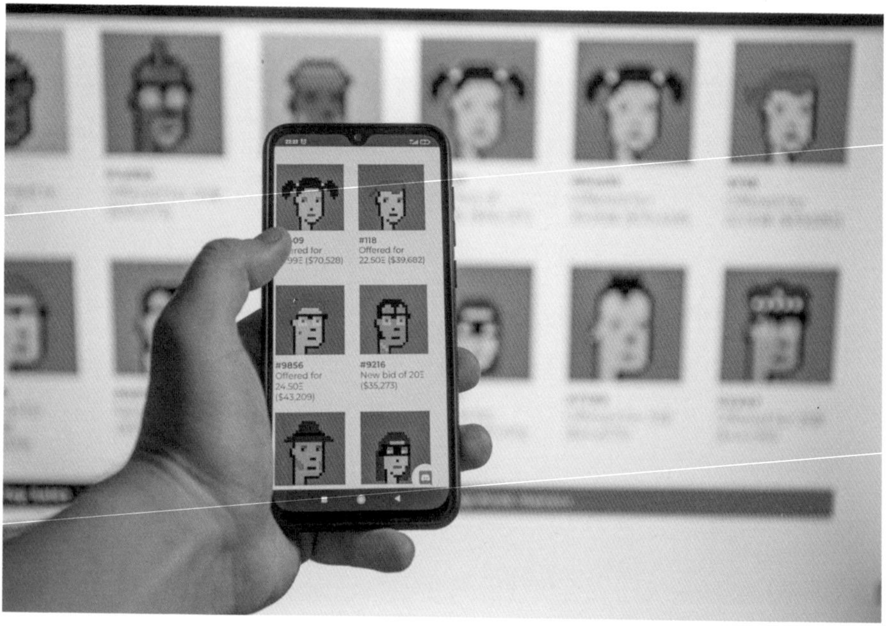
#118
Offered for
22.50Ξ ($39,682)
#9856
Offered for
24.50Ξ
($43,209)
#9216
New bid of 20Ξ
($35,273)

산 및 소유권과 관련해 새로운 시장을 여는 기폭제 역할을 했다.

NFT 시장은 최근 미술 시장을 중심으로 급부상하고 있다. 2021년 3월, 디지털 아티스트 비플(Beeple)의 NFT 작품 〈매일: 첫 5000일〉이 크리스티 경매에서 6930달러(859만 3200원)에 낙찰된 일은 미술사에서 두고두고 회자될 만한 일이다.[21] 미술 시장에서 NFT에 대한 관심이 커지면서 국내 미술관들도 NFT 시장에 뛰어들고 있다. 대한민국 국민이라면 모두가 알 만한 이중섭의 〈황소〉를 시작으로 갤러리현대가 NFT플랫폼을 오픈하겠다고 밝혔다.

NFT는 개인들에게 하나의 투자자산으로 인식되고 있고 기업들은 NFT의 미래 시장 가치에 주목하고 있다. 트위터는 2022년 1월부터 NFT를 구매하면 사용자 프로필에 이를 추가할 수 있게 했고, 메타는 페이스북과 인스타그램 사용자 프로필에 NFT 사진을 사용할 수 있도록 관련 방안을 추진하고 있다. 유튜브와 넷플릭스 역시 NFT 시장 진출을 준비하고 있다.

국내 NFT 시장은 게임 회사가 주도하고 있다. 게임 아이템을 토큰과 교환하도록 설계한 비즈니스 모델 P2E(Play to Earn)에 NFT를 적용해 소유권을 이용자에게 주는 방식이다. 이용자는 NFT 거래소를 통해 이를 거래하고 수익을 가져갈 수 있다. '미르의 전설'로 유명한 게임 회사 위메이드는 '미르4 글로벌'을 출시하면서 NFT

기능을 도입해, 관련 아이템과 캐릭터 거래소 서비스를 시작했다.

NFT는 복제가 쉬운 디지털 세상에서 소유권을 분명하게 하는 개념이다. 누구나 접근할 수 있고 무한정 복제가 가능하지만 소유권만큼은 특정인에게 있다는 것이다.

우리 일상이 메타버스와 같은 가상 공간으로 옮겨가면 그곳에서도 필연적으로 경제적 부가가치가 생겨난다. 그렇다면 가상의 공간에서 얻어지는 경제적 가치는 어떻게 표현되고, 어떻게 소유권을 분명히 할 수 있을까라는 문제에 봉착하게 된다. 이때 이 문제를 명쾌하게 풀어줄 대안이 NFT다.

법적 지위, 과세 논란, 시장 거품 등 NFT를 둘러싼 시장의 논쟁은 여전히 뜨겁다. 하지만 메타버스가 넥스트 시장으로 급부상하는 지금, 이 공간에서 소유권 논쟁을 해결해줄 NFT는 거부할 수 없는 핵심 화두라는 것 또한 부인할 수 없는 사실이다. 메타버스 생태계가 급성장할수록, 그 안에서 소유권을 증명하고 거래할 수 있는 수단이 필요한데 지금으로서는 NFT를 대체할 만한 대안이 없기 때문이다. 세계 빅테크 기업들이 예견하듯 진정한 메타버스의 세계가 본격적으로 시작된다면 디지털 자산의 근거인 NFT는 가장 중요한 키워드가 될 것이다.

로지, 가상 인간의 등장

버추얼 인플루언서

가상 세계에서 엔터테인먼트 시장의 확장세는 놀라울 정도다. 단순히 가상 세계 안에서 시장을 형성하며 성장하는 것을 넘어, 아예 현실 세계의 장벽까지 무너뜨리고 영향력을 행사하는 모양새다. 대표적인 예가 바로 버추얼 아티스트, 버추얼 인플루언서(virtual influencer)다. 인공지능과 컴퓨터 그래픽이 만든 가상의 인물, 즉 가상 인간의 등장이다.

국내 3대 연예 기획사로 손꼽히는 SM은 지난 2020년 11월 4인조 걸그룹 에스파를 선보였다. 에스파는 한국, 일본, 중국 국적의 4인조로 구성된 걸그룹이다. 에스파는 멤버의 또 다른 자아인 아바타 4인을 내세워서 4인조인 동시에 8인조인 독특한 그룹 구조를 만들었다. 티저 영상을 통해 공개된 이들은 현실 세계의 멤버와 가상 세계의 아바타가 서로 연결돼 함께 춤을 추고 소통한다. 당시 이수만 SM엔터테인먼트 총괄 프로듀서는 "SM이 바라보는 미래 세상은 '셀러브리티의 세상' 그리고 '로봇의 세상', 이렇게 두 가지다. 앞으로 인공지능, 가상 세계, 로봇을 통해 개인화된 수많은 아바타가 생겨날 것이며, 이를 바탕으로 초거대 버추얼 제국이 탄생할 것으로 예상한다"고 밝히기도 했다.[22] 동시대 시장경제에서 가장 막대한 자금이 흐르는 엔터테인먼트업계에서도 가상 세계는 거스를 수 없는 대세임을 천명한 것이다.

국내 최초의 인공지능 가상 인플루언서는 '로지'다. 로지는 등장 즉시 광고계의 블루칩으로 떠올랐다. 로지는 MZ세대가 선호하는 얼굴형을 조사해, 그 데이터를 기반으로 3D 합성 기술로 탄생시킨 가상 인간이다. 2021년 신한라이프가 자사 캐치프레이즈에 맞춰 로지를 모델로 전격 발탁했고, 해당 광고 영상이 유튜브에서 1100만 회 이상의 조회 수를 기록하며 가상 인간의 등장을 알렸다.

이전에 가상 인플루언서가 패션 및 화장품 브랜드들과 컬래버레이션 형태로 화보를 촬영하거나 단발성 영상 콘텐츠를 제작한 사례는 있지만 아예 브랜드 모델로 전격 활동한 사례는 없었다. 뿐

만 아니라 2022년 2월 로지는 자신의 SNS 공식 채널을 통해 가수 데뷔 소식을 알렸다. "몰래 준비 중이었는데 들켰네"라는 로지의 소감은, 진짜 살아 있는 사람의 말처럼 생동감이 넘친다. 비슷한 시기에 방송된 티빙의 오리지널 콘텐츠 〈내과의사 박원장〉에 카메오로 출연한 소식까지 전한 로지는 이제 가상이 아닌, 현실 속에 존재하는 '진짜 인플루언서'가 됐다. 유명 프로듀서가 가세한 로지의 앨범은 가상 인간의 또 다른 가능성을 보여주는 중요한 지표다.

해외에서도 가상 인플루언서의 인기는 엄청나다. 미국의 로봇·인공지능 전문 기업 브루드가 제작한 가상 인플루언서이자 가수인 릴 미켈라는 스스로를 미국에 사는 19세 브라질계 미국인이라고 말한다. 인스타그램 팔로워 수가 310만 명에 달하는 릴 미켈라는 2021년 샤넬, 프라다, 루이뷔통 등 명품 브랜드 모델로 발탁되며 광고 수익으로 1170만 달러(약 145억 800만 원)를 벌어들였다.[23]

기업들이 버추얼 인플루언서를 개발하고 광고 모델로 선호하는 이유는 여러 제약에서 자유롭기 때문이다. 외모나 목소리가 변하지 않고 사고, 질병, 체력, 스케줄 관리 등 여러 변수에서 자유로우며 부정적인 이슈에 대한 리스크도 현저히 낮다. 그야말로 완벽한 모델인 셈이다. 초상권이나 저작권 면에서도 매우 자유로우니 법적 이슈도 없다.

무엇보다 특정 고객을 타깃으로 하는 맞춤형 광고에 유리하다. 해당 타깃층이 좋아하는 얼굴형으로 만들어, 그들이 선호하는 말투, 표정을 입히면 소비자들에게 훨씬 친근하게 다가갈 수 있다.

버추얼 휴먼의 활동 영역이 미디어 분야를 넘어 교사, 회계사, 의사 같은 전문 분야로까지 넓어진다면 우리 삶은 지금과는 현저히 다른 모습으로 바뀔지 모른다. 영화 〈그녀〉의 주인공 테오도르(호아킨 피닉스 분)가 자신의 생각을 이해해주고 관심을 가져주는 인공지능 운영체제와 사랑에 빠진 것처럼, 미래에는 가상 인간이 동료이자 반려자를 대신할지도 모른다.

버추얼 휴먼 시장은 게임 시장의 급성장, 메타버스 산업군의 확장 등과 함께 당분간 새로운 시장을 개척하는 중요한 한 축이 될 것이다. 기업의 간접 광고, 디지털 성범죄 등 버추얼 휴먼이 쉽게 노출될 수 있는 위험 환경에 대한 재고도 분명 필요하다. 대부분의 소비자들이 소셜 미디어에서 기대하는 것은 브랜드의 진정성과 일상을 공유하는 친근함이다. 여전히 '이질감'이라는 가장 큰 장벽을 지닌 버추얼 휴먼이 인간의 이러한 본능을 결국 충족시켜나갈지 흥미롭게 지켜볼 일이다.

마음껏 즐겨라, 그러면 인재가 되어 있을 것이다

에듀테크

변화와 혁신에 가장 보수적인 분야가 있다. 바로 교육이다. 교육은 시대와 상관없이 사람과 사람이 만나는 면대면 방식을 오랫동안 선호해왔다. 인터넷이 일상이 되고 스마트폰이 필수품이 된 세상에서도 기술은 보조 수단일 뿐, 큰 틀은 선생님과 학생이 만나는 직접 교육 방식이었다. 하지만 지난 2년간 뜻하지 않은 코로나19 시대를 지나면서 교육은 가장 드라마틱하게 변화한 분야가 되었다.

'4차 산업혁명'의 도래를 설파했던 세계적인 경제학자 클라우스 슈바프가 2016년 다보스 포럼에서 "교육은 4차 산업혁명의 중요한 축이며 미래에는 인공지능을 활용한 교육이 보편화될 것"[24]이라고 말했을 때만 해도 사람들은 아주 먼 이야기라 여겼다. 하지만 불과 5년 만에 세상은 변했다. 그의 말은 에듀테크(edu tech) 시대의 도래, 차세대 교육의 시작을 알렸다.

비대면이 일상화되고 IT 기술이 눈부시게 진화하면서 오랜 교육 방식들이 하나둘 변화하고 있다. 이를 '에듀테크'라 부른다. 교육(education)과 기술(technology)의 합성어인 에듀테크는 말 그대로 인공지능과 로봇을 교육과 결합한 융합형 교육 방식을 일컫는다.

4차 산업혁명의 핵심 키워드 중 하나는 '초개인화'다. 이에 따라 교육 분야에서도 자연스럽게 맞춤형 교육이 트렌드로 급부상했다. 대면 교육은 일대일 과외가 아닌 이상 개인의 역량과 진도에 맞춘 수업이 사실상 불가능하다. 하지만 온라인과 인공지능이 결합하면 이런 문제는 손쉽게 해결된다.

2019년 〈타임〉지가 선정한 '올해의 100대 발명품'인 '로이비'는 만 3세 이하 영유아를 대상으로 STEM 교육(과학Science, 기술Technology, 공학Engineering, 수학Mathematics을 합친 교육 방식)을 실시하는 인공지능 로봇이다. 로이비는 맞춤형 로봇 선생님이라는 콘셉트에 맞게 개인별 학습 속도와 관심사를 반영한 커리큘럼을 제공하는 것은 물론 '로봇'의 장점을 살려 아이들과의 상호작용에도

ROYBI

주안점을 뒀다.

그동안 스마트 기기에 기반한 교육 콘텐츠는 일방적인 강의나 게임의 형식이었다. 그런데 로이비는 거기에 상호교류의 기능까지 넣었다. 기기 자체도 캐릭터 모양으로 만들어 가상의 선생님과 친밀함을 쌓게 했고, 음성 인식과 카메라 기술을 탑재해 아이들의 정서적인 상태를 파악하고 대화를 이어나갈 수 있게 만들었다.[25]

에듀테크는 직업 교육 분야에서도 활용되고 있다. 기업에서 가장 보수적인 분야는 인재 양성과 관리, 즉 HR 분야다. 그런 HR에서도 변화가 감지되고 있고 그 대표적인 기업이 IBM이다.

IBM은 전 세계에 흩어져 있는 35만 명의 임직원을 효율적으로 관리하기 위해 빅데이터와 인공지능을 도입했다. 매일 접수되는 1만 건에 달하는 입사지원서를 효율적으로 필터링해 인재를 선별하고, 퇴사를 준비하는 임직원을 예측해 그들이 더 나은 환경에서 일할 수 있도록 인센티브, 승진 등을 사전에 제공한다. 또 임직원들의 개별적 성향을 파악해 업무 성격과 개인 특성에 맞춘 교육 프로그램도 운영 중이다.[26]

맥도날드는 직원들의 실수를 줄이고 매장 운영의 효율을 높이기 위해 게임으로 직원을 교육한다. 100% 완벽하게 주문받기, 시간 안에 주문 완료하기, 고객 만족도 높이기 등 시뮬레이션 방식으로 진행되는 게임은 직원들에게 고객 응대 상황에서 발생할 수 있는 상황들을 미리 체험해보게 함으로써 실수를 줄여준다. 직원들의 만족도도 높다. 이론만 듣고 현업에 투입되어 고객 앞에서 민망한 실수를 연발하는 대신 업무 수행 능력을 미리 키워볼 수 있기 때문이다.[27]

월마트 또한 직원 교육에 시뮬레이션 게임을 도입했다. '스파크 시티'는 실제 월마트 매장과 동일한 가상 세계를 만들었다. 스파크 시티에는 실제 매장구조와 동일한 월마트가 있어서 고객들이 찾아와 상품을 구매한다. 직원들은 그 안에서 고객 응대, 재고 관리, 상품 진열 등 일반 매장에서 하는 업무를 똑같이 수행한다. 손님들이 몰리는 시간대에는 재고 관리가 되지 않아, 진열대가 텅 비기도 하고, 상품 가격이 잘못 기재되는 사고도 발생한다. 직원들은 그 안에서 수많은 케이스를 접하며 효율적으로 매장을 관리하는 방법과 자신만의 고객 응대 방식을 터득한다. 그저 게임을 열심히 즐겼을 뿐인데, 게임이 끝나면 어느새 숙련된 현장 직원이 되어 있는 셈이다.[28]

디지털 기술을 통한 직원 교육은 일반 기업에서뿐만 아니라 단 한 번의 실수가 치명적인 결과를 낳거나 경험이 너무 중요하지만 경험의 기회는 매우 적은 의료 분야에서도 빛을 발한다. 로스앤젤레스의 아동병원은 빠르고 정확한 의사결정을 내리는 의료진을 육성하기 위해 사실감 높은 VR 시뮬레이션을 활용한다. 학생들이 VR 헤드셋을 착용한 뒤 현실에서 일어날 수 있는 일들을 사실적으로 묘사한 가상 환경에서 미리 응급 상황을 체험해보는 것이다.[29] 효율적인 비용, 마네킹을 사용할 때보다 훨씬 몰입감 있는 설정 등 경험이 중요한 의료 분야에서 디지털 기술은 유용함을 넘어 난치병 등의 치료법 개발에도 의미 있는 성과를 만들 것으로 기대된다.

의도했든 의도하지 않았든 가장 보수적인 영역이 변화하고 있다는 것은 이제 그 변화가 필연적이라는 의미다. 변화하는 기업 환경에 발 빠르게 대처할 미래 인재를 양성하기 위해 교육 분야는 놓쳐서는 안 되는 영역이다. 온·오프라인의 연결성은 어떻게 가져갈 것인지, 차별화된 개인 맞춤 교육은 어떻게 실현할 수 있을지 지속적인 고민이 필요하다.

어른들의 새로운 놀이터, 자동차

인카 엔터테인먼트

사람들은 연간 평균 729시간을 운전에 할애한다. 1년 중 꼬박 한 달을 차 안에서 운전만 하는 셈이다. 하지만 자율주행 기술이 지금보다 훨씬 정교해진다면 무의미해 보이는 그 한 달이 달라질 수 있다. 사람들이 더 이상 운전할 필요가 없어지면 차 안에서 보내는 4만 3740분의 잉여 시간이 생기는 것이기 때문이다.

테슬라의 CEO 일론 머스크는 트위터를 통해 향후 완전한 자율주행 시대가 되면 "테슬라 차 안에서 유튜브와 넷플릭스를 즐기게 될 것"[30]이라고 했다. 그리고 그의 말처럼 자동차는 이제 단순한 이동 수단이 아니라 개인이 시간을 보내는 공간, 또 하나의 리빙 앤드 엔터테인먼트 스페이스로 탈바꿈하고 있다. 실제 일론 머스크는 자신의 바람대로 2021년 판매된 94만 대의 테슬라 전기차에 넷플릭스, 훌루, 디즈니+ 등을 탑재해 대시보드 터치스크린으로 접근할 수 있게 했다.

국내 대표적인 자동차 제조업체인 현대자동차는 이미 스스로의 정체성을 자동차 제조 회사가 아닌 '디자인 회사'로 설정했다. 자동차가 아닌 '미래형 모빌리티'를 지향한다는 점에서 '차 안에서의 시간'이 현대인들의 일상에서 중요한 영역을 담당할 것으로 보았던 것이다. 자동차에 대한 인식 변화와 함께 차 안에서 무엇을 할 것인가가 더더욱 중요해지는 지금, 주목해야 하는 키워드는 바로 '인카 엔터테인먼트(in-car-entertainment)'다.

인카 엔터테인먼트는 이동 시간 동안 탑승자가 차 안에서 경험하는 모든 콘텐츠를 아우른다. 세계 최대의 소비자 가전 박람회인 국제전자제품박람회 2019에서는 특히나 인카 엔터테인먼트가 각광받았고 그중 두드러진 것이 바로 디즈니와 협업한 아우디였다. 자동차 제조업체 아우디가 콘텐츠 기업 디즈니와 손을 잡은 것부터가 이전까지는 없었던 신선한 시도였다.

아우디가 디즈니와 함께 개발한 것은 자동차 안에서 즐길 수 있는 VR 콘텐츠다. 탑승자가 VR 안경을 쓰면 자동차는 우주선으로 바뀌고 우주여행이 시작된다. 차의 움직임을 우주선으로 바꾸는 기발한 발상에 디즈니만의 강점인 애니메이션을 십분 활용했다.

흥미로운 점은 자동차의 움직임이 VR에도 그대로 반영돼 운전자가 더욱 실감나게 콘텐츠를 경험할 수 있다는 점이다. 이를테면 자동차가 우회전을 하면 VR 속의 우주선도 오른쪽으로 방향을 전환하고, 자동차의 속도가 빨라지면 우주선 속도도 빨라지는 식이다. 실감나는 우주여행을 한 번 하고 나면 탑승자는 목적지에 도착해 있다.[31] 일론 머스크의 말처럼 차 안에서 엔터테인먼트를 즐길 수 있는 날이 가까워진 것이다.

인카 엔터테인먼트는 제법 구체화 단계에 들어섰다. 아우디를 시작으로 각국의 자동차 제조사들은 저마다 특화된 인카 엔터테인먼트 시스템을 선보이고 있다.

볼보는 자사의 최신 자동차에 구글 플랫폼을 탑재해 차량 내의 모니터를 통해 유튜브 스트리밍 서비스가 가능하게 했고, BMW는 국제전자제품박람회 2022에서 뒷좌석 탑승자를 위한 31인치 차량용 스마트TV를 공개했다. 이 TV는 차량의 서라운드 사운드 시스템과 연결되고, 영화 콘텐츠 등에 최적화된 32대 9의 화면 비율을 자랑한다. 5G 접속을 통해 고해상도 영상 스트리밍을 지원함으

80

로써 뒷좌석에 앉아 있으면 마치 영화관에 있는 듯한 느낌을 주도록 뒷좌석을 전용 시네마 라운지로 꾸민다는 전략이다.[32]

역으로 제조업이 아닌 다른 산업군에서 인카 엔터테인먼트 시장으로 들어오기도 한다. 음악 스트리밍을 제공하는 스포티파이는 프리미엄 사용자 가운데 일부를 선정해 자체적으로 만든 차량용 하드웨어 '카싱'을 제공했다. 스마트폰처럼 생긴 카싱은 자동차 운전자에 특화된 제품으로서 자동차 대시보드에 거치해 사용할 수 있다.[33]

음악을 듣거나 영화를 보거나 게임을 하는 등 엔터테인먼트 기능이 확대되면 자연스럽게 따라오는 것이 있다. 바로 쇼핑이다. 영화를 보거나 게임을 하는 데도 결제 시스템이 필요하다. 또 완전한 자율주행이 가능해지면 소비자는 운전 대신 여가를 즐기며 차 안에서 쇼핑까지 해결하게 된다. 차량 한 대가 움직이는 지갑이 되는 것이다. 이에 소비자들이 좀 더 편하게 지갑을 열 수 있도록 '인카 페이먼트(in-car-payment)'가 가시화되고 있다.

실제 2022년형 르노삼성자동차의 XM3와 SM6 등에 인카 페이먼트 시스템이 도입됐다. 차량에 탑재된 애플리케이션을 운전자의 스마트폰과 동기화해 작동시키는 방식이다. 먼저 서비스가 도입된 곳은 운전자들이 가장 많이 드나드는 주유소와 편의점이다. 예를 들어 운전자가 편의점에서 구매하고 싶은 것이 있으면 지도에서 인카 페이먼트 서비스가 가능한 편의점을 찾은 뒤 클릭하면 된다. 그러면 편의점이 판매하는 물건과 재고 수량이 뜨고, 운전자는 이 중 구매할 물건을 장바구니에 담은 뒤 결제만 하면 끝이다.

픽업도 운전자에 최적화했다. 별도의 픽업 존을 만들어 물건을 수령하게 하고, 픽업 존이 따로 없는 편의점이라면 '도착 알람 메시지'를 신청해 차 안에서 직원이 가져다주는 물건을 수령하게 한다. 아직까지 서비스의 영역이 한정되어 있지만 아이가 있어 차에서 내릴 수 없거나, 몸이 불편한 운전자들에게는 차 안에서 결제하고 물건까지 수령할 수 있는 인카 페이먼트 서비스의 만족도가 높다.[34]

시간과 경험이 곧 돈으로 치환되는 미래 사회에서 인카 엔터테인먼트의 확장성은 매우 크다. 자동차가 단순한 이동 수단이 아닌, 연결된 거대한 전자 기기가 되고, 그 안에서 보내는 시간이 여가의 영역이 되어버리면 차량 내의 생태계는 더더욱 확장될 것이다.

처음에는 기술력으로 앞서가는 기업들이 나오겠지만 문제는 과연 어떤 경험으로 새로운 가치를 주고, 차별화된 서비스를 제공할 것인가다. 기술은 결국 평등해질 수밖에 없고, 소비자를 사로잡을 수 있는 것은 새로운 경험밖에 남지 않기에.

(4)

지속 가능한 판을 깔아라

플랫폼 × 시장

아마존 고, 이것이 플랫폼이다

빅데이터

2016년 12월, 미국 시애틀에 위치한 아마존 본사 건물 1층에 슈퍼마켓이 등장했다. 이름 하여 '아마존 고'. 밖에서 언뜻 보면 보통의 슈퍼마켓과 뭐가 다른지 알 수 없지만 문으로 들어서는 순간부터 이곳이 보통의 상점과는 다르다는 것을 깨닫게 된다.

'노 라인즈, 노 체크아웃(No Lines, No Checkout)'을 내세운 아마존 고는 보통의 슈퍼마켓과 다르다. 일단 들어서는 입구부터가 독특하다. 흔히 지하철역 개찰구에서 보던 것과 비슷한 체크인/체크아웃 문이 등장한다. 고객은 개찰구 같은 곳에서 아마존 고 전용 앱 QR코드로 체크인을 하고 들어가면 된다.

amazon go
NO LINES, NO CHECKOUT.
JUST WALK OUT
SHOPPING
SALADS

매장 안에는 점원이 없다. 결제를 하기 위한 줄도 없고, 결제 과정도 없다. 이용자는 그저 사고 싶은 물건을 장바구니에 담기만 하면 된다. 물건에 달려 있는 전용 센서가 이용자의 스마트폰에 물건 정보를 전달하고, 체크아웃 문을 통과하면 장바구니에 담긴 물건 값이 아마존 계정에서 자동으로 정산되는 시스템이다. 컴퓨터 비전, 센서 융합, 딥러닝 알고리즘이 합쳐진 이른바 '저스트 워크 아웃(Just Walk Out)' 기술이 적용된 최초의 매장이다.

첫해에는 아마존 직원을 대상으로만 운영되던 매장이 2018년 1월 일반 소비자를 대상으로 첫 영업을 시작했고, 2021년 3월 기준 미국 내 26개 매장을 오픈하며 영역을 빠르게 늘려가고 있다.

같은 해 6월에는 워싱턴D.C.에 아마존 고보다 훨씬 큰 대형 마트격인 '아마존 프레시 그로서리' 매장을 열기도 했다. 외관상으로는 월마트 등과 같은 전통적인 마트이지만 계산대를 거치지 않아도 자동으로 결제되는 시스템, 이른바 스마트 대시 카트를 도입했다.[1]

아마존 대시 카트는 카트에 담긴 물건을 자동 감지해 결제를 진행하는 시스템이다. 카트에 탑재된 카메라와 각종 센서, 저울 등이 카트 안에 담긴 상품을 인식하고 이를 카트에 달린 디스플레이에 표시한다. 물건을 빼면 자동으로 리스트에서 해당 물건도 빠진다.

쿠폰 스캐너가 탑재돼 있어서 바로 쿠폰을 적용할 수도 있다. QR 코드를 스캔해 간단히 결제를 끝내면 영수증은 전용 앱이나 이메일을 통해 전송된다.

온라인 상거래 규모가 급성장하고 있는 가운데 아마존이 오프라인 매장을 꾸준히 늘려가는 이유는 뭘까. 특히 최근에는 아마존 프레시 그로서리와 같은 대형 마트에 집중하는 행보를 보이고 있다. 표면적인 이유는 아무리 온라인 거래가 일상화되더라도 식료품 등 신선 제품류는 직접 눈으로 확인하고 구매하는 소비자 패턴을 고려한 전략적 선택이라는 점이다. 하지만 그보다 더 중요한 이유는 바로 아마존의 혁신 기술을 실험하고, 그 결과 데이터를 추출할 수 있는 최적의 테스트 플랫폼 구축에 있다.

아마존 고, 아마존 프레시 그로서리가 무한한 가능성을 지닌 것은 마트라는 공간 자체가 플랫폼화되어 그 안에서 발생하는 무한한 소비자들의 데이터를 수집할 수 있기 때문이다. 아마존이 제공하는 쇼핑 환경에 소비자들이 익숙해지면 한층 다양한 매장에 이러한 서비스를 도입할 수 있다. 그러면 아마존은 개인의 구매 정보와 패턴을 실시간으로 수집할 수 있을 것이다. 대형 카드사들이 고객의 결제 데이터를 기반으로 금융사가 아닌 빅데이터 기업으로 탈바꿈을 시도하는 와중에, 고객의 구매 물품 목록과 소비 규모뿐만 아니라 매장 곳곳에 설치된 센서를 통해 쇼핑 동선, 쇼핑 시간까지 기록으로 쌓인다는 것은 실로 어마어마한 일이다.

적지 않은 사람들이 아마존 고를 무인점포 정도로 인식하고 있다. 하지만 인력을 투입하던 서비스를 자동화하는 것만으로 디지털이 완성됐다고 생각하면 오산이다. 아마존 고는 단순히 진화된 미래형 쇼핑 시스템이 아니라 미래 소비자의 구매 활동과 인식 전체를 바꿀 수 있는 비즈니스의 혁신이다. 작은 스타트업 유통업체에서 시작된 새벽배송이 우리의 쇼핑 시간을 밤 10시로 바꿔놓은 것처럼 말이다.

진정한 디지털 트랜스포메이션을 꿈꾼다면 효율과 편리, 그 너머의 뭔가를 봐야 한다. 고객의 기존 쇼핑 정보를 기반으로 고객의 다음 쇼핑 행위를 예상하는 기술 특허를 보유하고 있는 아마존이 무엇을 지향하는지는 분명해 보인다. 유일무이한 독보적인 무인매장이 아니라 기술을 통해 미래의 라이프스타일이 무엇인지 분명히 보여주겠다는 의지가 엿보인다.

2021년 10월 여의도에 들어선 더현대 서울에 입점한 무인매장 '언커먼스토어'는 '한국판 아마존 고'로 불린다. 백화점 최초의 무인자동화 매장인 이곳은 현대백화점그룹의 첨단 기술이 총집약된 곳으로도 손꼽힌다.

언커먼스토어도 형태로 보면 아마존 고와 매우 흡사하다. 매장에 들어가기 전 앱에 결제 수단을 미리 등록하고, QR코드를 스캔한 다음 입장한다. 매장 안에는 점원도, 결제를 위한 줄도 없다. 그저 원하는 물건을 고른 다음 걸어 나오면 자동으로 계산된다. '저스트 워크아웃' 기술이 적용된 매장인 것이다.

겉으로 보면 그저 무인매장이지만 매장 안에는 고객의 동선과 상품 이동 경로를 추적할 수 있는 인공지능 카메라 40여 대와, 무게 감지 센서 150여 대가 설치되어 있다. 매장 내에서 발생되는 모든 데이터를 모으고 있는 것이다.[2]

플랫폼의 사전적 의미는 '역에서 기차를 타고 내리는 곳'이다. 하지만 디지털 전환 시대의 플랫폼에는 사람들을 연결하는 공간이라는 의미 외에도 몇 가지 가치가 더 추가되었다. 다양한 사람들이 연결되어 서로가 원하는 가치를 교환하는 가상의 디지털 공간으로 말이다.

흔히 플랫폼의 주 수입원은 서비스 공급자와 수요자를 연결해줌으로써 발생하는 수수료라고 생각하기 쉽다. 이는 절반은 맞고 절반은 틀린 생각이다. 플랫폼의 핵심은 데이터다. 플랫폼에 사용자를 모으고, 이들이 만들어내는 수많은 데이터를 통해 또 다른 비즈니스를 성장시키는 것. 이것이 바로 플랫폼 사업의 근본이다. 국내에서 가장 영향력 있는 플랫폼 카카오톡이 메신저 서비스를 통해 광범위한 편의를 제공하고 이를 기반으로 사람들을 끌어 모은 뒤 콘텐츠, 쇼핑, 게임, 금융 등으로까지 그 영역을 확장하는 것은 그런 의미에서 이미 예견된 것이었다.

플랫폼 전략에 필요한 것은 사람들을 모으고 연결하는 것 이상의 가치다. 그것이 빅데이터라면 우리 기업에 어떤 의미를 가져다줄 수 있는지, 그것이 업무 효율화라면 장기적으로 어떤 비용 절감과 업무 혁신을 가져다줄 수 있는지를 고민해야 한다. 플랫폼은 가두는 것이 아니다. 플랫폼은 확장을 위한 발판이 되어야 그 진가를 발휘한다.

신세계 유니버스의 탄생

록인

신세계그룹의 이마트가 이베이코리아를 인수했다. 3조 4000억 원을 들인 빅딜로, 신세계그룹 M&A 역사상 최대 규모다. 두 기업의 합병으로 이마트는 네이버에 이어 국내 업계 2위로 올라섰다.[3] 신세계그룹의 거침없는 인수전은 여기서 끝나지 않았다. 야구단 SSG 랜더스(전 SK와이번스), 패션 플랫폼 W컨셉, SCK컴퍼니(전 스타벅스 커피코리아)까지 굵직한 인수합병을 성공적으로 마무리했다.

신세계의 역동적인 변화의 근저에는 온·오프라인을 통합한 하나의 플랫폼 생태계를 구축하겠다는 야심찬 포부가 담겨 있다. 일명 '신세계 유니버스'를 만들겠다는 것이다. 서비스와 상품, 공간을 통합적으로 경험할 수 있는 하나의 세상. 소비자가 먹고, 자고, 보고, 사고, 즐길 수 있는 생태계를 신세계가 만들겠다는 것이다. 소비자들의 세계로 룩인하고, 온·오프라인을 통해 쇼핑, 미디어, 엔터테인먼트, 유통, 결제까지 모두 아우르는 하나의 완성형 커머스 환경을 구축하겠다는 것이다.

이베이코리아를 비롯해 소비자의 삶과 맞닿아 있는 다양한 영역의 기업 인수전은 단순히 기업 하나를 인수한 것이 아닌 그룹의 미래를 디지털로 대전환하겠다는 일종의 선언과도 같다. 이베이코리아를 인수함으로써 이마트의 매출에서 온라인 비중은 15%에서 50%로 늘어났다. 덩치가 커진 것뿐만 아니라 내실도 달라졌다. 이베이코리아 인수는 내부 인력의 구성 역시 바꿔버렸다. 이베이코리아 인수를 통해 인공지능, 머신러닝 등의 IT 전문가를 300여 명 확보했다. 그룹의 중심축이 온라인으로 빠르게 이동하고 있음을 보여주는 신호탄인 셈이다.[4]

기업 교육 현장에서 가장 많이 듣는 단어 중 하나가 바로 '플랫폼'이다. 중소기업, 대기업 할 것 없이 모두가 플랫폼을 개발하여 성공적으로 디지털 트랜스포메이션할 방안을 모색한다. 문제는, 대부분이 어떻게 플랫폼을 만들고 소비자를 끌어 모을 것인가만 고민할 뿐, 어떻게 소비자가 그 안에 머물게 할 것인가에 대해서는 고민하지 않는다는 것이다.

배송비를 깎아주거나, 무료 구독 이벤트를 하거나, 경품을 주는 등 소비자를 유입시킬 방법은 많다. 하지만 플랫폼에 지속적으로 머무르게 하는 것은 차원이 다른 '경험'이다. 아침에 주문한 물건을 저녁에 배달해주는 쿠팡의 로켓배송, 월 2500원으로 배송료를 전부 해결할 수 있는 와우배송, OTT 서비스인 쿠팡플레이까지 다양한 편익과 즐거움을 제공하는 그런 경험 말이다.

어떻게 소비자들을 우리 브랜드에, 우리 플랫폼에 머무르게 할 수 있을까? 가구 전문 기업 퍼시스그룹의 생활 가구 전문 브랜드 일룸은 오프라인이 아닌 온라인에 신규 매장을 열어 소비자들에게 새로운 쇼핑 경험을 선물한다. 가상현실 기술을 활용한 '일룸 디지털 VR 쇼룸'이 바로 그것이다. 오프라인 매장을 가상현실로 그대로 재현하고, 소비자들이 언제 어디서든 쇼룸 체험을 할 수 있게 만들었다. 가상현실이지만 실제 쇼룸과 같이 3층 규모로 만들어 실제 오프라인 쇼룸처럼 층을 오가며 구경할 수 있다. 각 층별로 특화된 공간에서 소비자들은 자유롭게 둘러보고, 우리 집 공간과 가족 형태, 선호하는 디자인, 라이프스타일에 따라 다양한 상품을 추천받을 수 있다.[5]

현대자동차는 메타버스 플랫폼인 '로블록스'에서 게임을 하듯이 소비자들을 맞이한다. 자동차와 관련된 놀거리가 모여 있는 페스티벌 광장, 캠핑족을 위한 차박이 가능한 에코포레스트, 현대차가 그리는 미래 모습을 구현한 퓨처모빌리티시티 등 다양한 재미 요소가 담겨 있는 맵에서 소비자들이 직접 체험하며 즐길 수 있게 했다.

나만의 자동차로 운전하는 경험도 할 수 있다. 경적도 울릴 수 있고, 서비스센터를 방문해 자동차 튜닝도 할 수 있으며, 세차도 할 수 있고, 가상의 차를 사고팔 수도 있다. 현대차의 다른 차들도 시승해볼 수 있고, 현대차가 제공하는 게임을 즐기며 가상 코인을 적립할 수도 있다.[6]

플랫폼은 기업이 일방적으로 제공하는 공급 중심 방식이 아닌, 소비자가 직접 체험하고 머무르는 '경험 중심'의 방식으로 진화하고 있다. 좋은 물건, 획기적인 서비스, 적절한 비용, 그 안에서의 즐거움. 이 모든 것을 결합한 플랫폼만이 소비자를 끌어 모으고, 오랫동안 머무르게 할 수 있다.

올라타는 것도 전략이다

오픈 이노베이션

"한 발 늦었다면 플랫폼을 만드는 것보다 시장을 지배하는 플랫폼을 활용하여 업혀 가는 것이 효과적이다."

불과 몇 년 전까지만 해도 이미 시장을 선점하고 있는 기업이나 대기업들이 절대적으로 유리했다. 이들은 풍부한 자원과 인재, 충성스러운 고객까지 모두 갖추고 있었기 때문에 웬만한 시장 위기에도 버텨낼 수 있었다. 한번 제품을 신뢰하기 시작한 고객들은 잘 움직이지 않았고, 신뢰도 높은 브랜딩 기반이 있기에 지속적인 성장도 가능했다. 하지만 기업 환경이 디지털 플랫폼 시대로 빠르게 변화하면서 디지털 전환에 기민하게 대처하지 못한 기업들은 휘청거리기 시작했다.

인터넷 메신저 이용자가 채팅앱으로 넘어가고, 콜택시 이용자가 콜택시앱으로 갈아타는 것처럼 모바일 환경에 맞춰 디지털로 전환하지 못한 기업들은 뒤처지기 시작했다. 그렇다면 메신저 회사, 콜택시 회사가 저마다 플랫폼을 개발하고, 그것을 기반으로 다시 시장 확장을 향해 나아가야 하는 걸까. 아니다. 이미 시장에는 소비자에게 최적화되고 보편화된 플랫폼이 너무나 많다. 그렇다면 어떤 방법이 있을까. 바로 올라타는 것이다.

플랫폼 전략론의 세계적 석학 마셜 밴 앨스타인은《플랫폼 레볼루션》에서 이렇게 조언한다. 새로운 플랫폼을 만드는 데 한 발 늦었다면 새로운 것을 만드는 대신, 이미 시장을 지배하는 플랫폼에 올라타라고. 꼭 내부에서 개발하려 하지 않고 전략적으로 아웃소싱하는 것처럼, 우리 기업의 정체성에 최적화된 잘 짜인 플랫폼에 올라타라는 것이다.

11번가와 아마존의 만남은 플랫폼 올라타기의 좋은 예다. 아마존은 그 이름만으로도 존재감을 내뿜는 세계 최대 규모의 플랫폼 기업이지만 이상하게도 한국에서만큼은 그 영향력을 발휘하지 못했다. 이에 관해서 다양한 분석들이 있지만, 한국 특유의 로컬 시장에 맞는 출구 전략을 찾지 못한 것도 그중 큰 이유 중 하나였다. 만약 한국 시장에 대한 이해도만 보태진다면 아마존의 영향력이 폭발적으로 커질 터였다.

11번가는 2008년 서비스를 시작해 한때 오픈마켓 시장에서 1위를 차지하기도 했지만, 쿠팡과 신세계그룹 쓱닷컴의 무서운 추격에 고전을 면치 못했다. 그렇다고 누가 봐도 출혈 경쟁밖에 되지 않을 시장에 막대한 자금을 투자할 수는 없었다. 이때 11번가는 아주 영리한 전략을 펼쳤다. 바로 이커머스의 공룡, 아마존에 올라타는 것이었다.

2021년, 11번가는 11번가 내에 '아마존 글로벌 스토어'를 오픈하고 아마존이 취급하는 해외 인기 브랜드의 제품 수천만 개를 판매하기 시작했다. 아마존 글로벌 스토어에서는 의류, TV, 영양제 등 미국 아마존에서 판매하는 대부분의 제품을 구매할 수 있다. 기존 아마존 직구의 단점으로 손꼽혔던 비싼 운송료 또한 국내 배송비로 처리해 소비자의 부담을 대폭 줄였다.

11번가는 네이버쇼핑의 플러스멤버십, 쿠팡 와우회원 같은 국내 굴지의 이커머스 기업들이 제공하고 있는 구독 서비스를 제공하기 시작했다. 월정액을 지불하면 무료 배송 서비스 혜택을 주고

amazon
amazon

11번가 모회사인 SK 계열사들의 콘텐츠 플랫폼을 함께 이용할 수 있게 했다.

아마존 입장에서도 11번가와 손잡은 것은 충분히 전략적인 선택이었다. 2018년에 매출 100조 원을 넘어선 한국 이커머스 시장은 아마존 입장에서는 굉장히 매력적이나 아직 넘지 못한 큰 산이었다. 수년 전부터 한국 진출을 모색했지만, 업체 간의 경쟁이 치열하고 아마존의 장점인 빠른 배송이 한국 시장에서는 차별화 포인트가 되지 않는 점 등이 발목을 잡아왔다. 하지만 11번가와의 제휴를 통해 국내에 진출함으로써 기존 인프라를 활용해 아마존의 다양한 비즈니스 모델을 한국에서 실현해볼 기회를 얻게 되었다.[7]

미국 버클리대학교의 헨리 체스브로 교수가 2000년대 초반 처음 제시한 '오픈 이노베이션(open innovation)'은 기업의 혁신에 필요한 기술과 아이디어 등을 외부 자원으로 수급하고 이를 통해 새로운 제품 또는 서비스를 창출하는 것을 뜻한다. 모든 것을 기업 안에서 해결하려 하지 말고, 아웃소싱하라는 것이다.

오픈 이노베이션은 디지털 대전환 시대에 더욱 중요해졌다. 기술의 진화는 빨라지고 있고, 시장은 급변하고 있다. 시시각각의 변화에 일일이 대응하기엔 버거운 것이 사실이다. 이미 안정된 플랫폼에 올라타고, 기술 전문가들에게 아웃소싱하고, 스타트업을 육성하면서 시장의 변화에 대처하는 것도 하나의 전략이다.

미국 보스턴은 빅데이터와 크라우드 소싱을 적극 활용하는 대표적 도시로 손꼽힌다. 아무래도 오래된 도시는 인프라의 유지 보수에 많은 인력과 시간, 재정을 투입할 수밖에 없다. 보스턴은 특히나 도로 위의 큰 위험 요소인 포트홀(아스팔트 도로 위의 움푹 팬 구멍) 때문에 골머리를 썩였다. 시민들의 전화 제보를 받으면 그때그때 처리하거나 수습했는데, 제보 내용이 불명확할 때가 많아, 시간과 인력 낭비가 심했다.

보스턴시는 이런 문제를 해결하기 위해 메사추세츠공과대학교 출신의 컴퓨터 전문가들과 함께 '스트리트 범프(Street Bump)'라는 플랫폼을 개발했다. 도로 위의 돌발 상황이 발견되면 시민들이 직접 앱에 위치와 현장 상황 등의 정보를 입력하고 제보하는 방식이었다. 운영자 입장에서는 효율적인 방법이었지만 막상 신고 건수는 많지 않았다. 시민들이 파손된 도로를 발견하고도 절차의 번거로움 때문에 신고를 꺼린 탓이다.

이에 보스턴시는 크라우드 소싱 전문 기업인 '엔터 이노센티브'와 함께 오픈 이노베이션을 진행해, 앱을 개선하고 잘못된 반응을 최소화하는 데 집중했다. 우선 사용자가 신고를 꺼리는 문제를 해결하기 위해 40만 명의 전문가에게 2만 5000달러(3100만 원)의 상금을 내걸고 해결 방법을 응모하게 했다. 결과는 대성공. 하룻밤만에 앱을 개선할 아이디어들이 쏟아져 나왔고, 그중 하나의 방법대로 앱을 개선했다. 운전자들이 출발 전에 앱을 켜고 스마트폰을 차량의 계기판 주변에 올려두면 앱이 알아서 위험 요소를 감지하고 정보를 수집하는 것이다. 가령 차량이 무언가에 부딪히면 동작 탐지기가 이를 감지하고 곧바로 GPS를 통해 위치를 확인한 다음 서버에 전달하는 식이다. 새로운 정보통신기술, 감지 센서, 빅데이터에 더해, 기술과 플랫폼을 개선하는 새로운 접근방식을 채용한 것이 주효했던 것이다.[8]

새로운 시장이 등장하면 기업들은 막대한 자본과 인력과 인프라를 쏟아부어 그 시장을 잠식하는 것이 기존의 성공 공식이었다. 과거에는 그것만큼 유용하고 확실한 방법이 없었다. 하지만 이제 하나의 거대 기업이 모든 역량을 독점하는 시대는 끝났다. 오히려 때로는 거대한 몸집이 기술과 시장의 변화를 따라가는 데 방해가 될 때도 있다.

기술은 빠르게 진화하고, 소비자는 다채로워지고 있으며, 개개인이 기대하는 수준과 요구 또한 날로 높아지고 있다. 기업은 품질, 역량, 데이터, 브랜딩 중에 어느 것 하나라도 놓쳐서는 살아남을 수 없게 되었다. 혼자서는 결코 다 해낼 수 없을 때, '기밀사항' 같은 비밀스러운 전략을 세우기보다는 열린 마음으로 외부와 유기적으로 소통하며 서로의 자원을 주고받는 것이 오히려 가능성 높은 생존 방법일지도 모른다.

소비자가 만든 시장에 판을 깔 뿐

리커머스

중고거래, 일명 리커머스(recommerce) 시장의 성장세가 무섭다. 물건을 되파는 소위 '리셀(re-sell)'이 주요 소비 문화로 자리 잡으면서 하나의 시장이 만들어진 것이다. 기업들은 처음에는 그저 소비자들 사이에서 벌어지는 하나의 현상 정도로 여겼지만, 중고거래 시장의 규모가 2021년 기준 20조 원을(하나금융경영연구소 추산) 돌파하면서 중요성이 부각되었다. 같은 해 전국 백화점 매출 1위를 기록한 신세계백화점 강남점 매출액 2조 394억 원과 비교해도 리셀 시장은 이제 결코 무시할 만한 수준이 아니라는 사실을 알 수 있다.[9]

국내 중고거래 시장의 시초는 '중고나라'다. '전 국민의 셀러화'

라는 콘셉트로 2003년 네이버 카페에서 시작한 중고나라는 2014년 법인을 설립하며 IT 기업으로 변신했다. 이후 전용 앱을 출시하고 회원제 공동구매인 '비밀의 공구', 중고 물품을 방문 매입하는 '주마', 중고차를 거래하는 '내차팔기' 등으로 꾸준히 사업 영역을 넓혔다.

중고나라의 회원 수는 2020년 말 기준 2400만 명에 이르고 월간 상품 등록 수는 1300만 건에 달한다. 국민 절반이 중고나라 앱을 사용하고 있는 것이다. 한때 '중고나라'라는 명칭 자체가 중고거래 시장을 대변하는 하나의 고유명사처럼 불렸으니 그 아성은 실로 대단했다.

리셀 시장의 가능성이 확인되고, 모바일을 중심으로 한 플랫폼 산업이 본격화되면서 후발 주자들도 빠르게 시장에 유입됐다. 몇 년 사이 중고거래의 핵심 플랫폼으로 떠오른 '당근마켓'은 지역 장터라는 콘셉트로 단박에 국내를 대표하는 IT 기업으로 떠올랐다. '당신 근처의 당근마켓'이라는 슬로건을 내세우며 2015년 7월 서비스를 개시한 당근마켓의 첫 이름은 '판교장터'였다. 중고거래를 통해 지역 커뮤니티 문화를 활성화하겠다는 의지가 고스란히 담긴 이름이다. 사명을 변경하고 빠르게 시장을 넓힌 당근마켓의 가입자 수는 2021년 4월 기준 2000만 명에 달하며 전국 6577개 지

역에서 월 1500만 명이 이용하는 지역 생활 커뮤니티 서비스로 자리 잡았다.[10]

당근마켓이 처음 시장에 진출했을 때만 해도 중고나라가 리셀 시장을 거의 독점하고 있었다. 하지만 커진 덩치만큼 중고나라의 디지털 트랜스포메이션 속도는 더뎠다. 기존 방식에 익숙해진 이용자들을 바꾸는 것 역시 쉽지 않았다. 당근마켓은 이미 형성되어 있는 리셀 시장에, 친모바일 성향의 이용자들이 더욱 쉽고 편리하게 거래할 수 있는 판을 깔았다.

당근마켓은 GPS 인증 후 반경 6킬로미터 내에 거주하는 이웃끼리 직거래를 하는 것이 특징이다. 구매 장소와 시간을 조율하는 것에서 번거로움을 느끼는 이용자들이 많다는 것에 착안하여 슬리퍼를 신고 나가 사고팔 수 있는 동네 콘셉트를 부여한 것이다. 또 서비스 특징을 고려해 동네 소식, 동네 맛집, 취미 생활, 자기계발, 반려동물, 같이해요 등의 '동네 생활'과, 소상공인과 주민을 연결하는 '내근처' 등 거주 지역 근방의 지역 정보와 상호교류에 중점을 뒀다.

국내 중고거래 시장은 MZ세대를 중심으로 불기 시작한 명품 소비 열풍과도 맞물리며 활화산처럼 폭발하고 있다. 합리성을 추구하고 경험을 중시하며 친환경적 가치에 삶의 무게를 두는 MZ세대의 성향이 '중고'와 '명품'이라는 키워드에 딱 들어맞기 때문이다. 과거 명품이 경제적으로 안정된 중년층 이상의 향유 문화였다면, 지금은 리셀 시장 덕분에 경험을 중시하는 MZ세대의 주요 문화가 되었다. 비싼 가격이지만 경험을 소비하고 되팔 수 있으며, 일부 희소가치가 높은 제품은 웃돈을 얹어서 팔 수 있으니 '리셀테크'로까지 불리며 명품 소비가 자리 잡은 것이다.

성장세가 무서운 리셀 시장에 기존의 리테일 기업들도 뛰어들고 있다. 현대아웃렛은 가산점에 비대면 오프라인 중고명품 판매 자판기를 설치했다. 우리가 흔히 아는 자판기 형태의 박스 안에 중고 명품이 진열되어 있다. 소비자는 안에 진열된 명품을 구경한 뒤 원하는 제품을 누르고 결제한 다음 제품을 꺼내 가는 방식이다. 백화점이 명품 리셀 시장에서 갖는 강점은 무엇보다 신뢰성이다. 이 자판기에도 백화점 측이 직접 검수하여 작성한 정품 보증서가 함께 들어 있다. 중고이지만 100% 정품임을 보장받을 수 있으니 소비자들의 만족도가 높다.

롯데백화점은 일부 지점에 팝업스토어 형식으로 중고명품 매입센터를 선보이며 본격적으로 리셀 시장에 뛰어들 준비를 하고 있고, 신세계그룹 역시 명품을 구매한 고객 간의 중고거래를 연결하

Vinted
Sell, buy and
swap clothes

는 서비스를 고민 중이다.[11]

리셀 시장에 눈독 들이고 있는 것은 리테일이나 커머스 기업만이 아니다. 이미 탄탄한 플랫폼 기반을 가지고 있는 IT 기업들 역시 이 시장에 뛰어들고 있다. 네이버는 자회사 스노우를 통해 스니커즈 리셀 플랫폼 '크림'을 운영 중이다. 크림은 제페토와 케이크에 이어 스노우에서 분사한 네이버의 손자 회사다.

힙스터들의 성지인 성수동에 사업팀을 꾸린 크림은 시작은 스니커즈였지만 지금은 명품, 레고, 스마트폰 등 한정판 제품으로 영역을 확장해 그 가능성을 시험 중이다. 출시 2년여 만에 누적 거래액은 8000억 원, 누적 회원은 190만 명을 돌파했다. 거래액으로만 치면 무신사, 지그재그에 이어 국내 패션 플랫폼 3위 수준이다.[12]

플랫폼 기업들이 너나 할 것 없이 리셀 시장에 과감한 투자를 단행하는 이유는 단 하나, 그 시장성과 규모가 확실하기 때문이다.

시대에 따라 진화한 중고거래는 그 품목도, 방식도, 규모도 전과는 전혀 다른 양상으로 흐르고 있다. 소비자들은 공장에서 찍어낸 새 제품을 제 값 주고 사는 단순한 소비 행태에 더 이상 만족하지 않는다. 경제적이고 합리적인 가격, 환경을 생각하는 윤리적인 소비, 제품 자체가 담고 있는 높은 헤리티지, 전부를 누리고 경험하고 싶어 한다. 명품과 리미티드 에디션을 중심으로 재편된 고가의 리셀 시장과 가성비, 편리함으로 무장한 일상의 중고거래는 이제 거부할 수 없는 흐름이 됐다.

기업은 각자의 무기를 가지고 급격히 성장하는 시장에 어떻게 자리를 잡을지 빠르게 고민하고 결정해야 한다. 중고거래앱 빅3로 꼽히는 당근마켓, 중고나라, 번개장터는 단순히 '리셀'만 내세워 성공한 것이 아니다. 각각 지역 커뮤니티 문화의 부활, 막강한 공급 확보와 안전한 거래, MZ세대의 취향과 거래 성향 공략을 내세워 각자만의 생태계를 구축 중이다. 수요는 언제, 어디에나 있다. 그 수요의 성향과 특징이 무엇인지 빠르게 캐치하고 판을 까는 것도 기업의 몫이다.

지금 뉴스레터를 둘러싸고 벌어지는 일

크리에이터 이코노미

"현재는 미디어 산업의 중요한 변곡점이며, 인터넷에 제3의 물결이 일어나고 있다. 첫 번째 물결에서는 온라인에서 아무도 돈을 벌거나 쓰지 않았고, 두 번째 물결에서는 광고를 통해 수익을 창출했다. 세 번째 물결에서는 창작자와 사용자가 직접 연결돼 창작자가 직접적으로 수익을 올릴 수 있게 됐다."

미국 실리콘밸리 최고의 벤처 투자 회사로 꼽히는 A16Z의 CEO 마크 안드레센의 말이다. 그는 페이스북, 트위터, 인스타그램, 에어비앤비, 스카이프, 포스퀘어, 오큘러스 VR, 깃허브 등 수많은 벤처 기업에 투자해 큰 성공을 거둔 인물로도 유명하다.

마크 안드레센이 말하는 미디어 산업의 세 번째 물결은 바로 '크리에이터 이코노미'다. 말 그대로 창작자들이 광고에 의존하지 않고 생활이 가능한, 창작 활동에 전념할 수 있는 체제를 말한다. 내가 만들어내는 콘텐츠만으로도 수익이 되고, 플랫폼의 광고에 의존하지 않더라도 돈을 벌 수 있는 상태 말이다.

마크 안드레센의 말대로 처음 스마트폰과 소셜 미디어가 등장했을 때만 해도 아무도 온라인에서 돈을 벌거나 쓰지 않았다. 대표적인 것이 뉴스였다. 인터넷에 들어가면 공짜로 읽을 수 있는 뉴스가 널려 있으니 사람들이 신문을 보지 않게 된 것이다. 그렇게 종이 신문 구독자들이 줄어들기 시작하자 신문사들은 온라인 광고를 통해 수익을 보전하기 시작했다. 두 번째 물결, 광고를 통해 수익을 창출한 것이다.

창작자들은 광고 수익을 나눠주는 플랫폼으로 이동했다. 트위터나 페이스북, 유튜브 등 소셜 미디어는 광고 수익을 나누겠다는 달콤한 제안으로 양질의 창작자들을 흡수하기 시작했다. 하지만 결과적으로 수백만 팔로워를 거느린 소수 인플루언서를 제외하면, 대부분의 크리에이터들은 수익을 얻지 못했다. 그저 거대 플랫폼에 양질의 콘텐츠를 갖다 바치며 플랫폼 덩치만 키워줬을 뿐이다.

창작자들은 그동안 자신들이 생산한 글과 사진, 영상 등이 주요 플랫폼의 수익을 올려주는 수단에 불과했다는 현실을 인식하기 시작했다. 거기에 더해 소비자들 역시 과도한 광고 노출에 피로도가 쌓였다. 이런 창작자와 소비자의 요구가 맞물릴 때쯤, 바로 세 번째 물결이 일어났다.

이제 사용자는 자신의 취향과 관심사에 맞는 양질의 콘텐츠를 적극 탐색하고, 창작물에 대해 정당한 대가를 지불하는 것을 당연시한다. 창작자는 이에 부응해 보다 창의적인 결과물을 내놓는 것에 집중한다. 이것이 크리에이터 이코노미 생태계가 성장한 배경이자 본질이다.

'서브스택'은 미국 굴지의 언론사에서 이름을 날리던 기자와 언론인들이 모여 뉴스를 발행하는 플랫폼이다. 코로나19로 일자리를 잃은 기자들이 양질의 기사를 실을 곳이 없어지자 서브스택이라는 플랫폼에 모여 실험적인 도전을 시작한 것이다.

서브스택은 기자 개개인을 구독하는 형식이다. 기자 여럿이 주제별로 모여 뉴스레터를 발행할 수도 있다. 구독 가격은 창작자가 원하는 대로 설정할 수 있고, 수수료를 뺀 수익의 90%가 창작자에게 돌아간다. 유튜브가 광고 수익의 55%를 가져가는 것에 비하면 엄청나게 큰 수치다. 또한 서브스택은 안정적인 콘텐츠 제작 환경을 제공하기 위해 수익이 날 때까지 창작자에게 적게는 3000달러(372만 원)에서 많게는 10만 달러(1억 2400만 원)까지 보조금을 주기도 한다. 돈 걱정 없이 콘텐츠에만 집중해달라는 뜻이다.

결과는 놀라웠다. 2021년 8월 기준 유료 가입자가 25만 명에 달하고, 상위 10위권에 드는 기자들은 연간 700만 달러(86억 8000만 원)를 벌어갔다.[13] 어느 플랫폼이든 상위에 랭크된 창작자들에게 쏠림현상이 있는 것은 어쩔 수 없는 일이다. 하지만 서브스택이 기자들로부터 반향을 일으킨 것은 그래도 콘텐츠에만 집중하면 수익이 난다는 믿음을 실현시켜주었기 때문이다.

언론인들에게 서브스택이 있다면 예술가들에게는 '패트리온'이 있다. 패트리온은 창작자들이 자신의 콘텐츠를 등록하면 팬들이 직접 자금을 후원하는 플랫폼이다. 음악, 영상, 그림, 글 등 자신이 직접 만든 콘텐츠를 등록하면 플랫폼에 모여 있는 700만 명의 사용자가 구매하거나 구독하는 형식이다.

패트리온 역시 수익의 대부분을 크리에이터에게 돌린다. 패트리온 창업자인 잭 콘티는 "내가 유튜브에 올린 밴드 연주 영상이 수백만 명의 '좋아요'를 받고도 광고 수익으로 고작 수백 달러만

m to live
out have
ried about
en you ma
ch cheap
today as
ical. Bu
re and have
d study visit
urther infor
estostero

입금되는 현실에 분노해 창업했다"고 밝혔다. 그래서 패트리온은 후원금의 88~95%를 크리에이터에게 돌려주는 것으로 알려졌다. 당연히 다양한 분야의 크리에이터들이 이곳에 모여들어 양질의 콘텐츠를 만들었고, 현재 약 20여만 명이 이 플랫폼을 통해 창작물을 판매하고 있다.

서브스택이나 패트리온처럼 사용자가 창작자에게 콘텐츠 이용료를 직접 결제하는 방식은 뉴스레터 사업에도 큰 변화를 불러일으키고 있다. 한때 일방적이고 과도한 정보 노출처럼 여겨졌던 뉴스레터가 크리에이터 이코노미 시장에서는 충분한 시장성을 갖춘 플랫폼 비즈니스로 거듭난 것이다.

오로지 광고 수익에만 의존했던 과거와 달리 구독료라는 새로운 매출 루트가 생기면서 창작자는 트래픽과 알고리즘으로부터 자유로워지고, 오직 자신의 콘텐츠를 구독하는 사용자들을 타깃팅한 양질의 콘텐츠 생산에 집중하게 되었다.

미국 IT 매체인 〈와이어드〉의 전 편집장인 케빈 켈리는 1000명의 팬만 있으면 누구든 성공적인 크리에이터의 삶을 살 수 있다는 '1000명 팬 이론'을 제시하기도 했다. 콘텐츠의 힘만 있다면 누구든 강력한 팬덤을 만들 수 있고, 창작자로서 충분히 자생력을 갖출 수 있다는 의미다. 그리고 이 이론은 지금 구독 플랫폼을 통해 현실에서 실현되고 있다.

크리에이터 이코노미의 성장에 트위터, 메타 등 빅테크 기업들도 속속 구독 시장에 뛰어들고 있다. 트위터는 뉴스레터 스타트업 '레뷰'를 인수하고 수수료를 낮춰 유료 구독 서비스인 '슈퍼 팔로우'를 선보였다. 구독료는 월 2.99~9.99달러로 인플루언서가 더 많은 수익을 가져가는 생태계를 만들었다.

인스타그램도 유료 구독 서비스를 시작한다. 특정 크리에이터의 스토리나 라이브 방송 이용 시 구독료를 내게 하는 서비스다. 구독료는 기간과 형식에 따라 크리에이터들이 자유롭게 매기며, 우선 미국 내 일부 크리에이터를 대상으로 시범 운영에 들어가 차츰 그 범위를 넓혀갈 것으로 보인다.

기업과 브랜드의 주요 마케팅 툴로 여겨졌던 SNS는 이제 광고주의 플랫폼이 아니라 창작자의 플랫폼으로 진화하고 있으며, 뉴스레터는 창작자와 사용자 사이의 강력한 커뮤니티를 형성해 둘 사이를 직접 연결한다.

콘텐츠의 본질에 집중하면 반드시 좋은 결과가 나온다. 그리고 비즈니스는 창작자들을 착취하는 대신 함께 성장할 방법을 모색해야 한다. 구독경제를 넘어 뉴스레터가 다시 주목받고 있는 것에는 그만한 이유가 있다.

“아마존에서 판매 중인 모든 상품을 철수합니다”

D2C

“아마존에서 판매 중인 모든 상품을 철수합니다.”

2019년 11월, 나이키 신임 CEO 존 도나호는 그야말로 폭탄선언을 했다. 미국의 가장 큰 유통 플랫폼인 아마존에서 판매 중인 모든 나이키 상품을 철수하겠다고 밝힌 것이다.

어느 기업이든 미국에서 제품을 팔 때 유통 시장 1위 기업인 아마존을 배제하는 것은 상상도 할 수 없는 일이다. 심지어 나이키는 아마존을 포함한 인터넷 소매 업체를 통한 매출이 전체 매출의 84%에 달할 정도로 채널 의존도가 높았다.[14]

의아한 점은 그뿐만이 아니었다. 세계 최대의 유통 플랫폼에서 제품을 판매한다는 것 자체가 엄청난 마케팅일 수 있는데, 이 모든 것을 과감히 포기하다니, 아무리 세계적인 팬덤을 지닌 브랜드라 하더라도 이런 선택을 우려하는 시선이 적지 않았다. 하지만 존 도나호는 확고했다. 그는 아마존 철수를 발표하며 다음과 같이 덧붙였다.

"앞으로 소비자와의 직접적인 관계에 초점을 맞추겠습니다. 기존 소매업체와 차별화된 시스템으로 자체 웹사이트와 모바일, 오프라인 판매에 집중해 전 세계 소비자에게 일관된 서비스를 제공하겠습니다."

나이키가 탈(脫)아마존을 선언한 것은 사실 위기감에서 비롯된 것이다. 글로벌 스포츠웨어 기업 중에서 브랜드 가치나 매출 규모에서 줄곧 1위를 기록했던 나이키의 성장률은 2016년부터 떨어지기 시작했다. 급기야 2017년에는 경쟁 기업인 아디다스에게 부동의 1위 자리까지 내어주고 말았다. 나이키로서는 대대적인 브랜드 개혁을 고민할 수밖에 없었다.

그 주요 전략 중 하나가 유통구조의 혁신이었다. 나이키는 독자적인 전자상거래 플랫폼을 만들어 D2C(Direct to Consumer), 소비자 직거래 사업 전략을 세웠다. 제조업체가 직접 유통까지 책임지는

D2C 방식으로 전환하면 우선 유통 과정에서 발생하는 비용을 절감할 수 있다. 각종 수수료는 물론 물류비, 인건비 등 보이지 않는 비용도 절감할 수 있다.

나이키가 D2C 전략으로 선회한 더 주요한 이유는 제조업체가 직접 소비자에게 유통시키면 소비자의 반응을 데이터로 실시간 파악해서 맞춤 공급이 가능하다는 것이다. 일반적인 판매구조에 따르면 제품은 제조업체-도매업체-유통업체-소매업체를 거쳐 소비자에게 도달하지만, D2C로 가면 도매업체-유통업체-소매업체의 세 단계를 건너뛸 수 있다. 이는 제조업체가 브랜드 커뮤니케이션을 직접 하고, 고객 접점을 늘린다는 측면에서 큰 장점을 가진다. 브랜드 메시지를 일관성 있게 전달하고 브랜드가 원하는 방식으로 소비자와 소통할 수 있기 때문이다.

실제로 나이키는 탈아마존을 선언한 뒤 눈에 띄는 실적 개선을 이뤄냈다. 탈아마존을 선언한 이듬해 9월에서 11월까지 3개월간 나이키 매출은 전년보다 9% 늘어난 112억 달러(13조 8880억 원), 영업이익은 30% 증가한 15억 달러(1조 8600억 원)를 기록했다. D2C 매출만 43억 달러(5조 3320억 원)로 온라인 판매가 84%나 급증했다.[15] 코로나19로 오프라인 점포의 판매가 줄어든 영향도 있었지만 D2C 전환의 효과는 매우 컸다.

어쩌면 나이키의 D2C 전략은 브랜드 충성도가 높은 소비자를 이미 확보한 덕분에 가능했을지 모른다. 하지만 만약 나이키가 단순히 운동화를 판매하는 측면에서만 D2C 전환을 했다면 생존 경쟁에서 도태되었을지 모른다. 나이키는 소비자의 브랜드 충성도를 그대로 이어갈 방법을 고민했다. 비즈니스 생태계를 확대할 수 있는 디지털 트랜스포메이션을 고민한 것이다.

'나이키 런 클럽'이 대표적인 사례다. 나이키 주소비자층의 니즈는 운동이다. 그런데 이 운동이라는 것이 꾸준함을 유지하기가 쉽지 않다. 의욕을 가지고 시작해도 게을러지기 십상이다. 이럴 때 나이키 런 클럽이 운동의 조력자 역할을 한다. 조깅을 하는 동안 얼마나 빠른 속도로 뛰고 있는지, 얼마나 뛰었는지 알려주며 동기부여를 해준다. 처음 러닝을 하는 사람들을 위해서는 운동 가이드도 설계해준다. 자신이 열심히 뛴 기록을 보며 기뻐하고, 서로의 기록을 공유하며 독려할 수도 있다.[16]

제품 판매를 넘어 함께하고 있음을 느끼게 하는 것. 자사 제품을 사용하면서 소비자에게 새로운 경험을 하게 하고, 가치를 부여하는 것. 그것이 나이키가 독자적으로 D2C로 전환하고도 살아남을 수 있었던 비결이다.

4차 산업혁명 시대는 공급자 중심이 아닌 수요자 중심 시장이다. 그리고 수요자, 즉 고객의 니즈를 가장 빠르고 정확하게 파악하는 방법은 그들이 만들어내는 데이터에 있다. 나이키의 성공적인 D2C 전환이 기존의 충성 소비자층을 넘어 새로운 소비자층의 니즈까지 포괄할 수 있었던 것처럼, 기존의 유통구조에서 한계를 느낀다면 나이키가 구축했던 디지털 트랜스포메이션을 다시 한번 떠올려보기를 바란다.

집도 플랫폼 시대, 스마트 시티에서 산다는 것

스마트홈

"이제 혼자 살아도 안심이 됩니다."

국가 1호 스마트 도시로 인증받은 대구시 수성구 범물용지아파트는 센서가 부착된 사물인터넷 가전 등으로 채워진 '스마트홈'이다. TV와 냉장고를 비롯해 문과 공기청정기, 온·습도계에도 센서가 달려 있어 이용자가 맞춰놓은 기준에 맞게 자동으로 모든 것을 조정한다. 그리고 이 정해진 규칙에서 무언가가 어긋나는 상황, 즉 거주자가 위급 상황에 빠졌을 때 신호를 보내준다.

예를 들어, 아침·점심·저녁 시간대에 상수도 사용량이 감지되던 집에 24시간 이상 물 사용량이 없으면 센서를 통해 입주민의 외출 여부를 먼저 확인한다. 그리고 외출이 확인되지 않은 경우 시스템은 자동으로 관리사무소나 가족들이 사전에 등록한 보호자나 요양보호사에게 바로 알림을 보낸다. 특정 시간대에 김치냉장고를 1회 이상 사용하던 집이 24시간 이상 냉장고 문을 열지 않거나, 매일 오전 같은 시간대에 TV를 사용하던 집이 이틀 이상 TV를 켜지 않을 때도 스마트홈이 작동한다.

이 아파트는 65세 이상 독거노인과 장애인을 위해 지어진 스마트홈이다. 건강상의 돌발 변수가 생길 수 있는 고령 가구, 몸이 불편해 위험 상황에서 즉각적인 대처가 힘든 장애인, 1인 가구 등에서 흔히 발생할 수 있는 문제들을 효과적으로 예방하기 위해 2019년부터 경북대와 함께 사물인터넷 기반 스마트홈 기술을 개발해 스마트홈 솔루션을 구축했다.[17]

편리함과 안전에 대한 인식과 요구가 높아지면서 주요 생활공간인 집을 둘러싼 다양한 시도가 꾸준히 이어지고 있다. 초창기 스마트홈 솔루션이 주로 디지털화를 통한 편리함에 초점이 맞춰져 있었다면, 현재는 집 안에서의 삶 자체를 안정적으로 유지하는 라이프스타일 케어 형태로 진화하고 있다. 집을 일종의 거대한 플랫

폼으로 보고 그 안에서 발생하는 갖가지 데이터를 기반으로 보다 편리하고 안전한 주거 환경을 만드는 것이다.

스마트홈은 도시로까지 확장된다. 스마트 시티의 등장이다. 스마트 시티는 도시 전체가 첨단 정보통신기술과 디지털 기술로 융합되어 있는 도시를 말한다. 이곳에서는 도시 생활 속에서 발생할 수 있는 교통, 환경, 안전, 주거 등의 갖가지 문제를 사전에 방지하고, 에너지 비효율 등의 문제가 생겼을 때도 바로 해결해 시민들이 쾌적하고 편리한 생활을 누릴 수 있게 한다. 이를 위해 도시 곳곳에서 데이터를 수집하고 분석해 도시 스스로 문제를 해결한다.

언뜻 들으면 먼 미래의 이야기처럼 느껴지겠지만 우리나라에서 처음 코로나19 확진자가 발생하고 전 세계가 한국의 K-방역에 주목한 것도 바로 그 배경에 스마트 시티가 있었기 때문이다. 코로나19 역학조사지원시스템은 인공지능과 빅데이터를 기반으로 한 스마트 시티 기술을 활용해 빠르고 신속하게 확진자의 동선을 파악하고 추가적인 감염을 사전에 차단했다. 확진자에게서 이동통신 기록과 신용카드 사용내역을 받으면 그를 토대로 연관된 28개 관련 기관의 빅데이터를 취합해 해당 확진자의 동선을 10분 내로 파악해낸 것이다.

여러 나라에서 스마트 시티를 만들려는 움직임이 있다. 환경과 자원 보존, 삶의 질 향상 등을 목표로 한 스마트 시티다.

덴마크는 스마트 시티 강국이라 해도 과언이 아니다. 덴마크 코펜하겐은 스마트 가로등 '그린 웨이브 조명'으로 도시 전체의 에너지 사용 비중 가운데 40%를 차지하는 가로등의 전력 소비량을 절반으로 줄였다. 북유럽은 겨울에 낮 시간이 굉장히 짧은 것으로 유명해서 코펜하겐은 오후 4시 정도만 되면 도시 전체가 어둠에 휩싸일 정도다. 이에 코펜하겐 시당국은 시내 가로등 2만 개를 LED 전구가 부착된 스마트 가로등으로 교체하고, 도로 가장자리에 있는 자전거 도로에는 그린 웨이브 조명을 설치했다. 이 조명은 자동차나 자전거가 지나갈 때만 자동으로 켜지고 차가 지나지 않을 때는 꺼짐으로써 전력 소비량을 줄였다.[18] 또 심각한 주차난 해결을 위해 '이지 파크'라는 앱을 개발해 주차 공간을 찾아주는 서비스를 제공했고, 도시 내에 5000개 이상 설치된 쓰레기통에 센서를 부착해 쓰레기가 90% 이상 차면 수거 신호를 보낼 수 있게 했다.

그리고 코펜하겐 시당국은 이렇게 수집한 빅데이터를 활용해 '코펜하겐 데이터 거래소' 플랫폼을 만든 다음 교통, 환경, 문화 등 도시와 연관된 공공 데이터를 일반인에게 공개했다. 도시에서 창출한 빅데이터를 하나의 공공 자원으로 바라본 것이다.

스마트홈에서부터 스마트 시티까지 디지털 기술은 우리 집의 안전함은 물론 지속 가능한 지구를 위해 지금도 진화하고 있다. 집에 들어가면 내가 가장 편안함을 느끼는 온도와 습도로 자동 조절해주고 위험 상황과 돌발 상황도 알아채 안전을 지켜주는 스마트 홈. 그리고 도심 속의 교통 문제를 해결하고, 도시의 환경 문제에서부터 전 지구적인 환경 문제까지 고민하는 스마트 시티. 어쩌면 전 지구가 하나의 플랫폼으로 유기적으로 연결된 세상을 곧 만나게 될지도 모르겠다.

호텔 숙박권도 새벽배송 해주나요?

버티컬 플랫폼

무엇을 담을 것인가. 플랫폼으로의 전환에서 가장 먼저 고민해야 하는 질문이다.

교육 현장에서 만난 적지 않은 기업들이 플랫폼의 목표를 숫자로 정한다. 모여 있는 사람들의 수와 그들이 만들어내는 시장 가치. 물론 이러한 목표치는 혁신에 굉장히 중요하다. 목표가 없는 비즈니스는 성립되지 않으니까. 하지만 가끔은 그것이 전부가 되어 오직 숫자에만 집착하고 정작 우리 플랫폼에 무엇을 담을지는 깊게 고민하지 않는다.

거침없는 이커머스의 성장 속에서 유독 눈길을 끄는 것이 바로 버티컬 플랫폼(vertical platform)의 눈부신 도약이다. 버티컬 플랫폼은 멀티숍의 반대라고 생각하면 된다. 모든 것을 파는 곳이 아닌 패션, 식품 등 각자의 정체성이 담긴 특정 카테고리를 전문적으로 다루는, 카테고리 킬러 플랫폼이다. 신선 식품만 파는 마켓컬리, 인테리어에 특화된 오늘의 집, 패션에 특화된 무신사, 반려동물 관련 제품만 파는 강아지대통령, 고양이대통령 등이 버티컬 플랫폼이다.

흔히 한 우물만 파면 다양한 것을 팔 때보다 규모가 작을 것이라 생각하지만 버티컬 플랫폼의 성장세는 종합 몰들을 웃돌고 있다. 2021년 3분기 버티컬 커머스의 거래액은 17조 5123억 원으로 전년 동기 대비 34.9% 증가했다. 이는 쿠팡 등 종합 몰의 성장률 12.3%를 3배 가까이 뛰어넘는 수치다. 특히 무신사는 국내 패션 플랫폼 최초로 2조 3000억 원이라는 매머드급 실적을 기록하며 유니콘 기업에 등극했다.[19]

무신사가 기록한 2조 3000억 원의 거래액은 무신사 스토어, 스타일쉐어, 29CM, 솔드아웃 등 무신사가 운영하는 온라인 패션 플랫폼의 거래액을 전부 합한 것이다.

무신사의 성공은 패션이라는 단일 카테고리에 집중해 사업을 운영한 것이 결정적인 요인으로 작용했다. 무조건 많은 제품을 단순히 늘어놓고 판매하는 것이 아니라 타깃 고객의 취향에 맞는 브랜드와 제품을 엄선해 제안한다.

단일 카테고리라는 이유로 자칫 지루해질 수 있는 단점을 극복하기 위해 무신사만의 자체 콘텐츠를 만들어 제공한 것도 성공 요인 중 하나다. 브랜드를 단순히 큐레이션하는 데 그치지 않고 패션 전문 에디터와 포토그래퍼, 영상 PD 등을 영입해 콘텐츠를 기획하고 화보와 쇼케이스 등 다양한 고퀄리티 콘텐츠 제작을 통해 소비자들을 즐겁게 했다. 브랜드의 스토리텔링을 담아낸 콘텐츠는 다른 패션 커머스에서 결코 흉내 낼 수 없는 무신사만의 것이었다.

이제 생활에 빼놓을 수 없는 플랫폼이 된 마켓컬리는 신선 식품 분야의 버티컬 플랫폼 선두 주자다. 시작부터 지금까지 100% 직매입 방식을 고수하며 경쟁력을 키워온 마켓컬리의 2022년 매출 목표는 3조 원이다.[20] 자체 샛별배송 시스템을 구축해 새벽배송 시장의 신호탄을 쏘아 올린 것이나, 매주 상품위원회를 열어 입점 제품을 까다롭게 선정하는 것은 이미 잘 알려져 있다. 다소 비싸더라도 '믿고 사는 컬리'라는 말이 나올 정도로 소비자들의 절대적인 신뢰를 받고 있다는 것은 완성도 높은 서비스 품질과 똑똑한 브랜

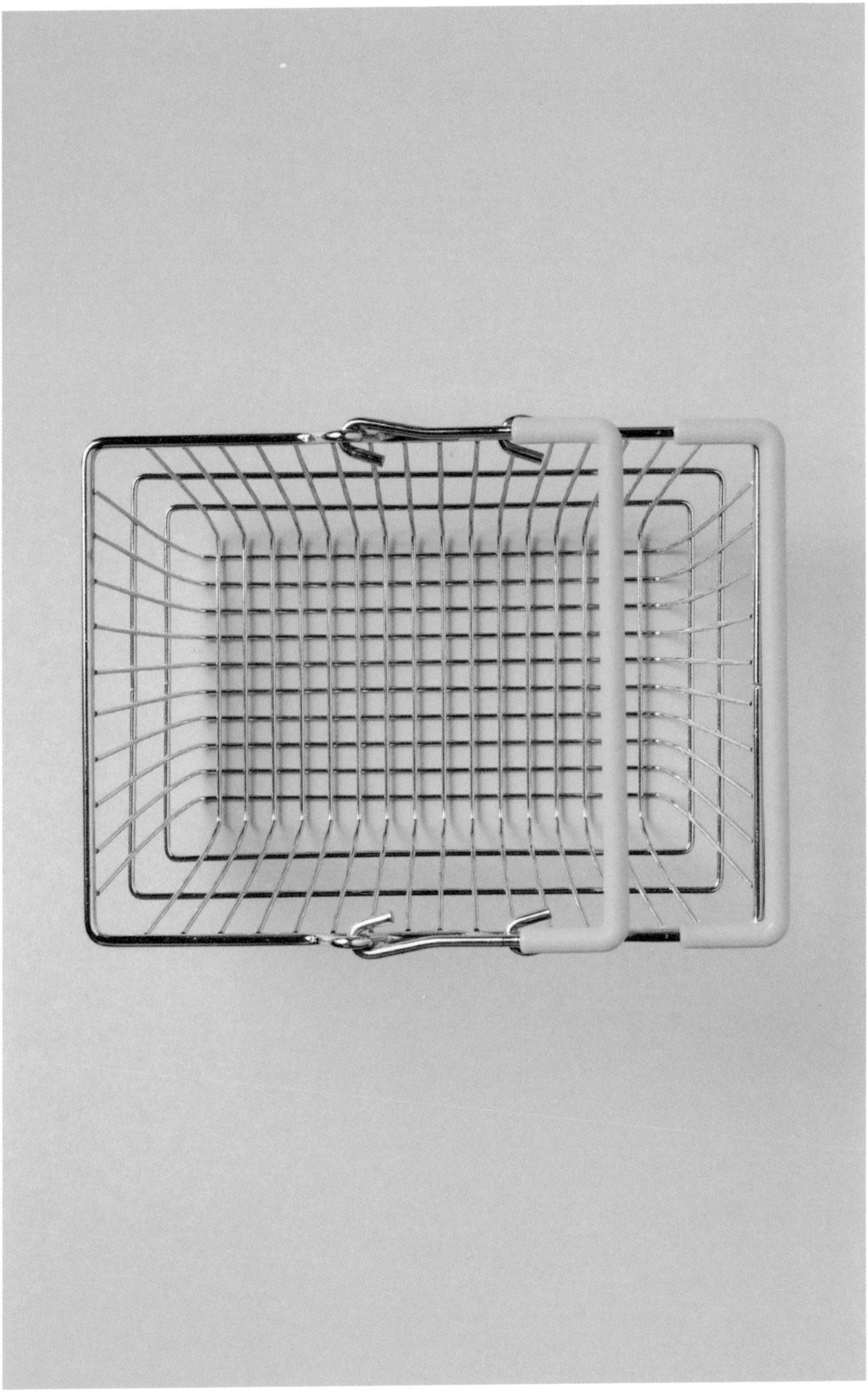

딩이 완벽한 시너지를 낸 결과라 할 수 있다.

최근 버티컬 플랫폼들의 상품 구성에 조금씩 변화가 생기기 시작했다. 자사의 주특기 외에 다른 카테고리의 상품들도 조금씩 선보이기 시작한 것이다. 실제로 마켓컬리는 2021년부터 여행, 가전, 뷰티 등의 제품을 선보이고 있다. 특히 여행 카테고리에 집중해, 여행 분야에 강점을 가진 인터파크와 손잡고 적극 공략 중이다. 패션 플랫폼인 무신사 또한 TV, 냉장고, 에어컨 등 대형 가전을 판매하고 있다. 또 다른 패션 플랫폼인 신세계그룹의 W컨셉에는 삼성 비스포크 라인업이 입점돼 있다.

이러한 버티컬 플랫폼의 변화는 어쩌면 필연적인 결과일 수도 있다. 하나의 카테고리로 시장 입지를 다졌지만, 시장 자체가 한정돼 있어 시장 확장을 위해서는 어쩔 수 없이 카테고리의 다변화를 시도할 수밖에 없기 때문이다. 또 후발 주자로 치고 나오는 비슷한 버티컬 플랫폼과의 치열한 경쟁, 나름의 경쟁력을 갖춘 신규 플랫폼의 등장 등 선두 자리를 위협하는 업계 변동성도 무시할 수 없다.

플랫폼의 가장 큰 특징은 무엇이든 담을 수 있다는 것이다. 하지만 '누구'인지 정체성은 정해져 있어야 한다. 우리 플랫폼이 무엇을 가장 잘 다루고, 누구를 겨냥하고 있으며, 상품과 서비스를 통해 구현하고 싶은 브랜딩이 무엇인지가 분명해야 한다. 그것이 바로 성공하는 플랫폼 비즈니스의 시작이자 끝이다.

현재 업계 1위의 버티컬 플랫폼들이 이런 성공을 거둘 수 있었던 것은 해당 카테고리에 집중했던 이유가 크다. 하지만 시장 확장이라는 더 큰 산이 그들 앞에 놓여 있다. 카테고리를 늘려가면 확실한 자기 정체성으로 대변되는 가장 큰 무기, 브랜딩을 놓칠 위험이 있다.

정체성을 유지하면서 시장을 확장하는 것만큼 어려운 일은 없다. 하지만 잘 키운 플랫폼만큼 무한한 가능성을 가진 것 또한 없다. 무엇이든 담아내면서도 자신이 누구인지 정체성을 분명히 보여줄 것. 무한한 유연함을 가진 플랫폼의 매력이다.

주

프롤로그 위워크의 몰락이 시사하는 것

1. "디지털 트랜스포메이션 현황 및 계획에 대한 실태조사", 한국산업기술진흥협회, 2020. 6. 15.
2. "돈줄 마른 위워크, 몸값 80억 달러 아래로 '6분의 1 토막'", 〈아시아경제〉, 2019. 10. 22.

1. 기술로 경계를 무너뜨려라 _ 기술×경계

1. "'커피 시장 압도적 1위'… 한국인 스타벅스서 한 해 2조 원 긁었다", 〈매일경제〉, 2021. 3. 24.
2. "스타벅스 고객예치금 2.3조 원, 일반은행 2배… 이제 모두가 경쟁자", 〈조선일보〉, 2021. 9. 17.
3. "미쉐린, 서울모터쇼서 '미쉐린 트랙 커넥트' 전시", 〈서울파이낸스〉, 2019. 3. 30.
4. "[CES 2022] 정의선 회장 '스마트폰처럼 앞으로 로봇 데리고 다닐 것'", 〈조선비즈〉, 2022. 1. 5.
5. "현대차 무인 자율주행 '아이오닉5 로보택시' 최초로 공개합니다", 〈한국경제〉, 2021. 9. 9.
6. "中 자율주행 기업 '위라이드', 日 닛산·미쓰비시 날개 달고 수조 원 투자 유치",

〈조선비즈〉, 2021. 5. 13
7. "'나는 차' 잇따라 시험비행 성공한 中… 현대자동차는 7년 뒤에 상용화 목표", 〈조선비즈〉, 2021. 1. 11.
8. "현대자동차, 메타버스에서 쏘나타 시승… UAM 등 미래 모빌리티 체험도", 〈한국경제〉, 2021. 11. 15.
9. "로레알 워터 세이버, 美 타임지 주관 '올해 최고 발명품' 선정", 〈브릿지경제〉, 2021. 11. 19.
10. "[Interview] 세계 화장품 1위 뷰티제국 로레알 장 폴 아공 회장 '디지털로 화장한 로레알, 전자상거래 매출 25% 돌파… 뷰티테크 챔피언 위해 페르소 선보여'", 〈이코노미조선〉, 2020. 8. 24.
11. "'K뷰티 어쩌다'… 설화수·이니스프리·라네즈, 브랜드 가치 줄줄이 '하락'", 〈뉴스원〉, 2020. 7. 16.
12. "온라인 뚫은 디오르 날고, 면세점 치중한 페라가모 추락", 〈조선일보〉, 2021. 2. 5.
13. "명품株 LVMH 몸값 더 치솟는다", 〈한국경제〉, 2021. 12. 13.
14. "[꼬다리] 레고의 부활?", 〈주간경향〉 1461호, 2022. 1. 17.
15. "어, 점점 밀리네… 알리바바의 마법은 끝났나", 〈조선일보〉, 2021. 12. 23.
16. "B2C의 진화 'C2M'이 뜬다… 소비자 입맛대로 공장이 직접 제작·판매", 〈매경이코노미〉, 2021. 2. 25.
17. "악몽에 시달릴 때 '스마트 워치가 구해줄게'", 〈조선일보〉, 2020. 12. 6.
18. "악몽을 치료하는 스마트워치", 〈정신의학신문〉, 2021. 2. 15.
19. "국내 67만 명 '잠 못 드는 밤'… 수면 장애 치료 기술이 뜬다[뉴스 인사이드]", 〈세계일보〉, 2022. 2. 20.
20. "네이버·카카오 움직인다… 코로나가 키운 원격진료, 판 커지나 [팩플]", 〈중앙일보〉, 2022. 1. 13.

21. "글로벌 디지털 헬스케어 동향", 〈의학신문〉, 2021. 8. 16.
22. "'이태리 명품소파, 월 9만 원에 들여가세요'… 10만 명 몰렸다는 이 앱의 정체", 〈매일경제〉, 2022. 1. 10.
23. "'지금 사고 나중에 내라' 미 MZ세대 사이 BNPL 인기몰이", 〈매일경제〉, 2021. 9. 30.
24. "[테크리포트] '디지털 트윈', 산업별 활용사례", 〈전자신문〉, 2022. 1. 10.

2. 데이터로 라이프에 들어가라 _ 데이터×라이프

1. "[팩플] NC 우승 이끈 '데이터야구'… 엔씨소프트 '이것' 있었다", 2020. 11. 28.
2. "[세이버매트릭스] 가난한 구단은 이길 수 없다고?… 야구는 수학이다!", 〈국민일보〉, 2013. 8. 3.
3. "신한은행이 140억 들여 '배달앱' 만드는 이유 알고 보니…", 〈한국경제〉, 2021. 5. 12.
4. "데이터 사이언티스트 전성시대… 미국 최고 직업 3년째 1위", 〈중앙일보〉, 2018. 11. 10.
5. "빅데이터 AI가 국내외 주식-연금-펀드 등 맞춤형 상품 추천", 〈동아일보〉, 2020. 9. 29.
6. "미래에셋대우 온라인 투자정보서비스, m.Club 가입자 50만 명 돌파", 〈EBN〉, 2021. 1. 12.
7. 《넷플릭스 인사이트》, 이호수 지음, 21세기북스, 2020.
8. "치열해지는 세계 음악 스트리밍 시장… 최강자는?", 〈블로터〉, 2022. 1. 23.
9. 《올 댓 와인 1》, 조정용 지음, 해냄, 2006.
10. "[Trend] 허리케인 올 때 맥주 쌓아둔 월마트, 왜?", 〈매일경제〉, 2013. 2. 15.

11. “서초의 방범… 전국 첫 ‘예측범죄지도’ 운영”, 〈서울신문〉, 2022. 1. 21.
12. “AI시장 ‘천하통일’ 노리는 아마존… 스마트기기 13종 공개”, 〈한국경제〉, 2018. 9. 21.
13. “전자레인지·벽시계에도 알렉사… 아마존 ‘스마트홈’ 전략 가속화”, 〈머니투데이〉, 2018. 9. 21.
14. “‘스마트홈’ 바람 ‘스마트 가전’ 확산… 2025년, 200조 원 전망”, 〈디지털데일리〉, 2021. 12. 9.
15. “애들은 가라? 美핀테크 업체들 ‘애들부터 잡아라’”, 〈조선일보〉, 2021. 5. 20.
16. “‘저금통이 뭐예요?’… 요즘 아이들은 ‘앱’으로 돈 모은다”, 〈이코노미스트〉, 2021. 11. 3.
17. “룰루레몬, 스마트 피트니스 거울 스타트업 ‘미러’ 인수”, 〈아주경제〉, 2020. 6. 30.
18. “아바타와 함께 달리다! AR 글라스 ‘고스트 페이서’”, 〈BIZION〉, 2020. 9. 2.
19. “[CES 2022 리뷰 2편] 신기술이 한자리에 모인 ‘유레카 파크’ 이모저모”, 〈KOTRA해외시장뉴스〉, 2022. 1. 28.

3. 새로운 디지털 경험으로 가치를 선점하라 _ 메타버스×가치

1. “[임영신의 메타버스 작업소] 이미지 세탁용인 줄 알았는데… 저커버그 ‘메타’가 완벽한 7가지 이유”, 〈매일경제〉, 2021. 11. 21.
2. “사명 바꾼 페이스북, 메타버스로 갈아 탈 수 있을까”, 〈한경비즈니스〉, 2021. 11. 16.
3. “미 기술기업 메타버스서 미래 부 찾는다”, 〈연합뉴스〉, 2021. 11. 10.
4. “메타버스 ‘열풍’… 이디야 제페토, 오픈 한 달 반 만에 630만 명 방문”, 〈아시아

경제〉, 2022. 1. 21.
5. “치폴레 멕시칸 그릴, 온라인 공략에 실적 개선”, 〈연합뉴스〉, 2021. 11. 10.
6. “[현장] ‘명탐정 나문희 사무소’, 먹지 않고 체험하는 ‘컵밥의 맛’”, 〈이코노믹리뷰〉, 2021. 6. 18.
7. “‘절대로 놓칠 수 없다’… 900조 원 메타버스 시장 놓고 글로벌 기업 대혈투”, 〈매일경제〉, 2022. 2. 1.
8. “제페토 내 ‘최애 맵’은 어디? 1억 명 넘게 다녀간 CU 편의점 ‘문전성시’”, 〈매일경제〉, 2021. 12. 31.
9. “[2022 컨슈머] ② Z세대 놀이터에서 소비 플랫폼으로… ‘메타 커머스’가 열린다”, 〈조선일보〉, 2022. 1. 5.
10. “BTS 다이너마이트 연쇄폭발, 기네스 기록 3개 깼다”, 〈조선일보〉, 2020. 9. 3.
11. “인터넷 지고… 가상과 실제 현실 넘나드는 ‘메타버스 시대’ 뜬다”, 〈서울신문〉, 2020. 10. 9.
12. “포트나이트, ‘아리아나 그란데’ 가상 콘서트 연다”, 〈디지털타임스〉, 2021. 8. 3.
13. “‘로블록스’로 억대 소득자 급증한다… 작년에만 300명 넘어”, 〈매일경제〉, 2021. 11. 15.
14. “‘현실서 못 사는 구찌, 여기서라도…’ Z세대 메타버스에 열광하는 이유?”, 〈매일경제〉, 2021. 5. 8.
15. “30억 명이 빠진 360조 시장… 이젠 게임 모르면 돈 못 번다”, 〈조선일보〉, 2022. 2. 10.
16. “MS는 왜 82조 원 현금으로 ‘블리자드’를 인수했을까[홍키자의 빅테크]”, 〈매일경제〉, 2022. 1. 21.
17. “넷플릭스가 모바일 게임을 출시한 이유는?”, 〈한국일보〉, 2021. 11. 5.
18. “카카오 메타버스 생태계 핵심은 ‘넵튠’”, 〈한국경제〉, 2021. 12. 20.

19. "새해 들어 100兆 M&A… 빅테크 새 전쟁터 된 게임", 〈조선비즈〉, 2022. 2. 6.
20. "[데스크 칼럼] NFT, 메타버스 경제의 핵심 퍼즐", 〈조선비즈〉, 2022. 2. 11.
21. "이중섭-김환기 작품도 '디지털 진품 증명서' NFT에 담는다", 〈동아일보〉, 2022. 2. 19.
22. "SM의 신개념 걸그룹, 가수·아바타 4+4인조 '에스파'", 〈중앙일보〉, 2020. 11. 12.
23. "팔로워 300만 명, 연수입 130억… '릴 미켈라'도 인간 아니다", 〈중앙일보〉, 2021. 7. 7.
24. "[K에듀테크 뜬다①] 한국형 에듀테크, 어디까지 왔나", 〈이코노믹리뷰〉, 2020. 5. 20.
25. "교육용 로봇 '로이비', 코로나19 시대 아이들 교육 책임진다", 〈로봇신문〉, 2020. 6. 30.
26. "인적자원(HR) 관리에 스며든 AI… '핵심 인재만 콕콕'", 〈전자신문〉, 2020. 4. 15.
27. "Gamification stuff we love: McDonalds Till game", Gamification Nation, 2019. 8. 17.
28. "How One Associate Used His Passion for Gaming to Create the Latest Walmart Training App", walmart, 2019. 1. 23.
29. "VR is Revolutionizing Trauma Training at Children's Hospital Los Angeles", Mark Metry, 2017. 5. 8.
30. "테슬라 차 안에서 유튜브·넷플릭스 본다", 〈IT조선〉, 2019. 7. 29.
31. "운전서 해방되면… 車 안은 '오락실·사무실'로 바뀐다", 〈문화일보〉, 2019. 1. 15.
32. "미래차 시장, In-car 엔터테인먼트 경험에 주력한다", 〈애틀러스리뷰〉, 2022.

1. 7.
33. "스포티파이, 차량용 인포테인먼트 시스템 '카 씽' 공개", 〈CIO Korea〉, 2021. 4. 14.
34. "인카페이먼트 실제 체험해보니… 차 안에서 편의점 결제·수령 '원스톱'", 〈매일경제〉, 2021. 11. 9.

4. 지속 가능한 판을 깔아라 _ 플랫폼×시장

1. "아마존 그로서리 속속 오픈", 〈미주중앙일보〉, 2021. 5. 20.
2. "[현장] 더현대 서울에 들어선 '한국판 아마존 고' 가보니", 〈전자신문〉, 2021. 2. 25.
3. "역대급 실적 내놓은 신세계… 영업이익 사상 첫 5000억 돌파", 〈매일경제〉, 2022. 2. 9.
4. "정용진, '유니버스'의 꿈… 온·오프라인 신세계로 통한다", 〈중앙일보〉, 2021. 7. 5.
5. "[주간 가구 스토리] 새 매장 열고 새 브랜드 론칭… 업계 '공격 행보'", 〈아주경제〉, 2021. 8. 29.
6. "현대자동차, 메타버스에서 쏘나타 시승… UAM 등 미래 모빌리티 체험도", 〈한국경제〉, 2021. 11. 15.
7. "아마존, 11번가 타고 한국 상륙… 온라인 쇼핑 업계 '큰일났다'", 〈조선일보〉, 2020.11.17.
8. "[백지장 맞들기의 경제학⑤] 오픈 이노베이션의 '한계는 없다'", 〈이코노믹리뷰〉, 2018. 7. 26.
9. "신세계百 강남점 연 매출 2조 5000억 원 육박… 한국서 '세계 1위 백화점' 탄생

하나", 〈한국금융신문〉, 2021. 12. 23.
10. "김용현 당근마켓 대표 '삶을 풍요롭게 할 지역 커뮤니티 재건이 목표'", 〈조선비즈〉, 2021. 5. 20.
11. "백화점·아웃렛도 '중고명품' 뜨거운 구애", 〈해럴드경제〉, 2022. 2. 8.
12. "[팩플] 네이버의 손자 'KREAM'이 본 커머스의 미래", 〈중앙일보〉, 2021. 12. 9.
13. "인기 크리에이터 모셔라, 빅테크들 앞다퉈 '유료 구독' 서비스", 〈조선일보〉, 2021. 9. 17.
14. "[새로운 물결, D2C②] 아마존을 탈출한 에어조던", 〈이코노믹리뷰〉, 2021. 4. 17.
15. "[2021 컨슈머] ⑤ '아마존에서 안 팔아' 나이키 '신의 한 수' 통했다", 〈조선비즈〉, 2021. 1. 7.
16. "[Industry Review] '신발만 파는 회사 아닙니다'… 나이키, 조깅앱으로 재미도 판다", 〈매일경제〉, 2021. 10. 21.
17. "스마트 도시 대구, 스마트홈 기술로 고독사 사전 예방 눈길", 〈매일신문〉, 2021. 12. 12.
18. "[스마트 시티] ⑤ 코펜하겐, 살아 있는 도시 실험실", KBS, 2019. 5. 26.
19. "한 우물만 파는 '버티컬 커머스', MZ세대 열광하는 이유는?", 〈글로벌경제신문〉, 2022. 2. 2.
20. "김슬아 마켓컬리 대표, 상장 앞두고 '올해 거래액 3조 이상 목표'", 〈매일경제〉, 2022. 1. 18.

사진 출처

43. loreal

129. Liteboxer

143. 제페토

150. Joe Biden 2020

172. Roybi

* 크레딧 표시가 되지 않은 사진은 대부분 셔터스톡 제공 사진입니다.

All Is Connected

살아남는 것들의 비밀

초판 1쇄 발행 2022년 4월 18일

지은이 윤정원
펴낸이 최지연
마케팅 이유리, 김현지, 안이슬
디자인 표지 [★]규, 본문 수오
정리 김은향
교정교열 윤정숙

펴낸곳 라곰
출판신고 2018년 7월 11일 제 2018-000068호
주소 서울시 마포구 큰우물로 75 성지빌딩 1406호
전화 02-6949-6014 **팩스** 02-6919-9058
이메일 book@lagombook.co.kr

ISBN 979-11-89686-42-0 03320

살아남는 것들의 비밀

All Is Connected

※ 본 진단권은 《살아남는 것들의 비밀》의 부록입니다.

디지털 역량 셀프 진단권

라곰